Arno Strobel

SPY – Operation Himalaya

Von Arno Strobel sind im
***Loewe Verlag* bisher erschienen:**

Abgründig
Schlusstakt
SPY – Highspeed London
SPY – Hotspot Kinshasa
SPY – Operation Himalaya

ARNO STROBEL · NINA SCHEWELING

SPY

OPERATION HIMALAYA

BAND 3

Loewe

FSC
www.fsc.org
MIX
Papier aus verantwortungsvollen Quellen
FSC® C014496

ISBN 978-3-7432-0710-3
1. Auflage 2020

Dieses Werk wurde vermittelt durch die Literarische Agentur
Thomas Schlück GmbH, 30161 Hannover
Umschlagfotos: © AYakovlev/shutterstock.com,
Volodymyr Goinyk/shutterstock.com, Skreidzeleu/shutterstock.com
Umschlaggestaltung: Michael Dietrich
Printed in the EU

www.loewe-verlag.de

PROLOG

Der Mann blickte aus dem kleinen Fenster, ohne die bunten Dächer wahrzunehmen, die unter ihm schnell näher kamen, während der Pilot die Maschine auf die extrem kurze Landebahn des Flughafens Kathmandu zusteuerte.

Erst als die Räder des Airbus mit einem heftigen Schlag auf dem Asphalt aufsetzten und die Passagiere in der nächsten Sekunde von der Bremskraft gegen die Sicherheitsgurte gepresst wurden, wischte er seine Gedanken beiseite und stieß einen Fluch aus.

Neben dem Fenster tauchten Hütten auf und verschwanden gleich darauf wieder aus seinem Sichtfeld, während die Maschine schnell an Geschwindigkeit verlor, bis sie schließlich gemächlich dahinrollte. Jemand begann zu klatschen, andere fielen ein und machten damit der Erleichterung darüber Luft, dass die schwierige Landung gelungen war. Es gab wahrscheinlich kaum einen Flugplatz für Verkehrsflugzeuge, auf dem schon so viele Landungen schiefgegangen waren wie bei diesem.

Als sie kurz darauf zum Stehen kamen und die Triebwerke ausgestellt wurden, entstand um ihn herum sofort hektisches Treiben. Binnen weniger Sekunden war der schmale Gang voll mit Menschen, die Klappen von Ablagefächern öffneten, Koffer, Taschen und Tüten herauszerrten und dabei gegen Schultern und manchmal auch Köpfe rempelten.

Arme wurden gegen den Widerstand der dicht an dicht stehenden Körper in Jacken gezwängt und Rucksäcke geschultert. Es war, als hätten nur die Schnellsten und Rücksichtslosesten eine Chance, das Flugzeug zu verlassen.

Den Mann interessierte das alles nicht. Er saß da und beobachtete fast gelangweilt das Treiben im Gang, während seine Gedanken wieder abschweiften.

Er hatte eine schwierige Aufgabe übernommen, die viel Fingerspitzengefühl und Erfahrung erforderte. Beides besaß er in ausreichendem Maße, sodass er sich der Situation gewachsen fühlte. Wenn seine Mission gelang – und er zweifelte keine Sekunde daran, dass sie das tat –, würde er Teil der Weltgeschichte werden. Auch, wenn er dabei im Hintergrund bleiben und sein Name sicher nie in irgendwelchen Büchern auftauchen würde.

In die Menschenherde kam Bewegung, offenbar war der Ausgang vom Kabinenpersonal freigegeben worden. Er wartete, bis der Gang vor ihm sich geleert hatte, dann drückte er sich aus dem Sitz hoch, fischte seinen Kabinenkoffer aus der Ablage und verließ das Flugzeug.

Ein frischer Wind zerzauste ihm die Haare, als er die Treppe betrat und die Luft einatmete, die um diese Jahreszeit noch verhältnismäßig kühl war.

Es dauerte zwanzig Minuten, bis er den Zoll passiert hatte, weitere zehn, in denen er dabei zusah, wie ein eifriger Be-

amter mit vor langer Zeit einmal weiß gewesenen Handschuhen den Inhalt seines Koffers inspizierte.

In der kleinen Halle hinter dem Sicherheitsbereich wartete ein junger Mann mit einem Schild, auf dem handgeschrieben Mr Meyers *stand. Er nickte stumm, woraufhin der Mann ihm den kleinen Koffer abnahm und zum Ausgang deutete. »Da entlang«, sagte er. »Man erwartet Sie bereits.«*

»Dann sollten wir keine Zeit verlieren«, entgegnete er und ging los.

KAPITEL 1

»Ich bin echt mal gespannt, warum Faber uns nach Muscat geschickt hat.« Nick ließ den Kopf gegen die Rückenlehne sinken und blickte aus dem Fenster, wo nichts zu sehen war außer dem zuckenden Blinklicht des Flugzeugs, das in kurzen Abständen für den Bruchteil einer Sekunde die Dunkelheit durchbrach. Am Horizont dahinter zeichnete sich der herannahende Morgen als gelblicher Streifen ab.

Er wandte sich wieder Carol zu. »Warst du schon mal dort?«

Seine zwei Jahre ältere Mitschülerin und beste Freundin schüttelte den Kopf. »Nein, im Oman war ich auch noch nicht. Aber wir werden uns wohl an Einsätze auf der ganzen Welt gewöhnen müssen.«

»Dem kann ich nur zustimmen«, kommentierte Bruno aus dem winzigen Lautsprecher, den man Nick gleich am Anfang seiner Spezialausbildung unter die Haut hinter dem rechten Ohr implantiert hatte.

Bruno war ein *Computer Based Personal Interface*, kurz *CBPI*, ausgestattet mit einer geradezu unglaublich ausgereiften künstlichen Intelligenz, das in einem hauchdünnen Band um Nicks Handgelenk untergebracht und direkt mit seinem Nervensystem verbunden war.

»Hätte mich auch gewundert, wenn du etwas unkommentiert gelassen hättest«, murmelte Nick.

Carol wusste, wem das galt, und grinste.

»Selbstverständlich«, entgegnete Bruno und sprudelte sofort los. »Es gehört schließlich zu meinen Aufgaben, dich als angehenden Sonderermittler des BND mit meiner Meinung und Einschätzung der Lage dahingehend zu unterstützen, dass ich stets …«

»Bruno?«

»Ja, bitte?«

»Klappe!«

Eine Stewardess erschien neben Carols Sitzplatz und lächelte ihnen entgegen. »Wir werden in Kürze mit dem Landeanflug auf Muscat beginnen und dort in etwa einer halben Stunde landen. Kann ich noch etwas für Sie tun?«

»Nein, danke«, entgegnete Carol, und auch Nick winkte ab. In den vergangenen sechs Stunden waren sie so ausgiebig mit leckerem Essen und Getränken versorgt worden, dass er nichts mehr herunterbekam. Natürlich waren für sie Plätze in der Economyclass gebucht worden, doch Carol hatte sich über ihr CBPI kurz vor dem Start in den Computer der Fluggesellschaft eingeloggt und mit wenigen Klicks dafür gesorgt, dass zwei der noch freien Plätze in der First Class auf ihren Namen reserviert wurden. Ob die Plätze nun frei blieben oder ob sie beide darauf säßen, mache ja schließlich keinen großen Unterschied, hatte sie gemeint. Nick sah das ebenso und genoss seinen ersten First-Class-Flug. Auch wenn sie nicht wussten, was sie an dem exotischen Ort erwarten würde, zu dem sie unterwegs waren.

Als die Maschine sich eine knappe halbe Stunde später in eine letzte Kurve legte, tasteten die ersten Strahlen der bald aufgehenden Sonne über die nur noch wenige Hundert Meter unter ihnen liegende Wüstenlandschaft aus gelbbraunen Hügeln.

Kurz darauf wurden die Gebäude und Hallen des Flughafens sichtbar und Nick stieß ein verwundertes »Wow!« aus.

»Was ist?« Carol beugte sich zu ihm hinüber.

»Sieht ja ziemlich modern aus da unten. Das hätte ich nicht erwartet.«

Carol zuckte mit den Schultern. »Warum denn nicht?«

Nick stellte fest, dass er das selbst nicht wusste. Vielleicht hatte er wegen der ausgedehnten, öden Wüstenlandschaft nur einen kleinen Provinzflughafen mit Holzbaracken erwartet.

Die freundliche Stewardess tauchte wieder neben Carol auf und sagte leise etwas zu ihr, was Nick allerdings nicht verstehen konnte, da im gleichen Moment Bruno losplapperte.

»Der Muscat International Airport ist der wichtigste Luftverkehrsknotenpunkt Omans. Derzeit werden 55 Flugziele in 27 Ländern angeflogen und …«

»Ja, ja, ja«, wiegelte Nick ab, woraufhin die Stewardess verstummte und ihn erschrocken ansah.

»Oh nein, ich …« stammelte Nick. »Das war … also, ich habe nicht Sie gemeint, sondern …«

Der Ausdruck im Gesicht der Frau wechselte von *erschrocken* zu *auffordernd.* »Sondern?«

Nick spürte, wie feine Schweißtropfen sich auf seiner Stirn bildeten.

»Mich! Ich habe mit mir selbst geredet. Das tue ich öfter, stimmt's?« Hilfe suchend wandte er sich an Carol, die ein Grinsen offensichtlich nur mühsam unterdrücken konnte. »Ja, er ist manchmal etwas sonderbar, der liebe Nick«, erklärte sie der Stewardess, auf deren Stirn sich nun deutliche Falten zeigten. »Manchmal gibt er auch einfach nur seltsame Laute von sich. Ich kann Ihnen sagen, daran muss man sich erst einmal gewöhnen …«

Nach einem letzten zweifelnden Blick zu Nick wandte die Frau sich schließlich ab und verschwand zwischen den komfortablen Ledersesseln.

»Na vielen Dank auch für deine Hilfe.«

»Gerne.«

Wenig später setzte die Maschine mit sanftem Ruck auf der Landebahn auf und bremste in der nächsten Sekunde so stark ab, dass sie gegen die Gurte gedrückt wurden. Die Triebwerke brüllten noch einmal auf, als der Umkehrschub einsetzte, doch dann verloren sie rasch an Geschwindigkeit. Kurz darauf war der Spuk vorbei und sie rollten von der Landebahn.

Auf dem Weg zu ihrer Parkposition kamen sie an Flugzeugen vorbei, die über herangeschobene Rolltreppen Reisende ausspuckten, neue Gäste aufnahmen oder einfach abgestellt waren. Nick registrierte es kaum. Er dachte an die

Worte, mit denen Direktor Faber sie auf ihren ersten offiziellen Auslandseinsatz geschickt hatte.

»Eigentlich ist dies ein Auftrag für fertig ausgebildete Agenten mit mehrjähriger Berufserfahrung«, hatte er ihnen erklärt, während Carol und Nick ihm dabei zugesehen hatten, wie er hinter seinem Schreibtisch auf und ab gegangen war. Das tat er immer, wenn es um brisante Themen ging.

»Aber man hat speziell um Unterstützung von Agenten in eurem Alter gebeten.«

»Wer ist *man*?«, hatte Nick wissen wollen, von Faber aber lediglich ein Kopfschütteln geerntet.

»Das werdet ihr vor Ort erfahren. Nur so viel: Diese Mission ist von enormer Bedeutung und hätte unabsehbare politische Konsequenzen, wenn sie scheitert. Ich erwarte von euch verantwortungsvolles, aber entschlossenes Handeln in jeder Situation.«

Nick wurde aus seinen Gedanken gerissen, als die Maschine mit einem Ruck anhielt. Offenbar hatte sie ihre Parkposition erreicht. Die Anspannung in Nick stieg an.

Wer mochten wohl die anderen Mitglieder des Teams sein? Ebenfalls Junior-Agenten wie Carol und er? *International* hatte Direktor Faber gesagt. Bestimmt Engländer oder Amerikaner. Obwohl … im Oman? Vielleicht arbeiteten sie auch mit jungen Arabern zusammen?

»Jetzt bin ich gespannt«, sagte Carol, während sie den Gurt öffnete und sich anschickte aufzustehen.

»Ich auch.« Nick streckte sich ausgiebig. Trotz der bequemen Sessel, die sich sogar in eine Liegeposition hatten schieben lassen, war er froh, die Maschine gleich verlassen zu können.

»Ob wohl schon jemand am Flugzeug auf uns wartet?«

Carol hob die Schultern. »Wir werden es bald erfahren.«

Als Nick kurz darauf ins Freie trat, blieb er auf der obersten Stufe der Rolltreppe stehen und sah sich auf dem Rollfeld um. Außer den Passagieren, die vor ihm die Maschine verlassen hatten, und einigen Männern und Frauen der Flughafencrew in orangefarbenen Warnwesten war niemand zu entdecken.

»Wie es aussieht, wartet man wohl erst hinter der Passkontrolle auf uns«, bemerkte Carol, die schräg hinter Nick in der Flugzeugtür stand. »So wichtig scheint das alles also nicht zu sein.«

Nick musste grinsen. »Was hast du erwartet? Eine schwarze Limousine mit Standarten an den Kotflügeln?«

»Das dürfte nicht Carols Erwartungshaltung gewesen sein«, belehrte ihn Bruno. »Falls doch, hat sie diesbezüglich offenbar eine ebenso große Wissenslücke wie du. Standarten sind Hoheitszeichen eines Staatsoberhaupts, eines Regierungschefs oder eines diplomatischen Vertreters eines Staates. Sie zeigen der Öffentlichkeit an, wo sich diese Person befindet, und dürfen somit nicht von jedermann genutzt werden. Ein bekanntes Beispiel sind …«

»Bevor ich es vergesse«, fiel Nick ihm ins Wort und drehte sich zu Carol um, während er vor ihr die Treppe hinabstieg. »Kannst du bitte daran denken, mir bei der nächsten Modifikation von Bruno einen kleinen Gefallen zu tun?«

»Klar. Welchen?«

»Später. Ich möchte ihn nicht jetzt schon beunruhigen.«

»Pah!«, machte Bruno, dann schwieg er.

Vor den beiden geöffneten Schaltern der Passkontrolle hatte sich schon eine beachtliche Schlange gebildet, doch bevor sie sich anstellen konnten, wurden sie von einer jungen Frau in Flughafen-Uniform auf Englisch angesprochen. »Bitte folgen Sie mir. Sie brauchen nicht durch die Passkontrolle.« Sie lächelte freundlich und zeigte dabei zur Seite auf einen breiten Durchgang, über dem in arabischen, indischen und lateinischen Schriftzeichen das Wort *Transitzone* stand.

Carol zwinkerte Nick zu, während sie hinter der Flughafenmitarbeiterin hergingen. Nick fragte sich aufgrund der Tatsache, dass sie offenbar wusste, wer sie waren, ob sie überhaupt am Flughafen arbeitete.

»Keine Passkontrolle. Anscheinend sind wir doch wichtig.«

Aber Nick beschäftigte sich schon mit etwas anderem. »Transitzone? Was ist mit unseren Koffern?«

Die Frau sah ihn über die Schulter an. »Keine Sorge, die werden automatisch umgeladen.«

»Umgeladen?«

»In das Flugzeug, mit dem ihr weiterfliegt.«

Nick blieb stehen und hob die Brauen. »Weiterfliegen? Ich verstehe nicht …«

Das Lächeln der Frau blieb, als sie sich zu ihm umdrehte, wirkte nun aber unsicher. »Was verstehst du daran nicht?«

»Ich schätze, er versteht ebenso wenig wie ich, warum und wohin wir weiterfliegen sollen«, erklärte Carol.

»Das weiß ich auch nicht. Ich habe nur den Auftrag, euch hier zu empfangen und zu der Maschine zu bringen.«

Nick tauschte einen Blick mit Carol, dann hob er die Schultern und folgte der Frau.

Sie durchquerten den Transitbereich, in dem Fluggäste in den Wartezonen oder an Tischen von Bars und Restaurants saßen und auf ihre Anschlussflüge warteten, und hielten vor einer Sitzgruppe an, auf die die Frau deutete. »Wartet hier bitte, ich bin gleich wieder zurück und begleite euch zu eurem Gate.« Ohne eine Antwort abzuwarten, wandte sie sich um und war kurz darauf um eine Ecke verschwunden.

»Sehr mysteriös«, murmelte Nick und blickte noch eine Weile auf die Stelle, bevor er sich Carol zuwandte, die sorgenvoll die Stirn runzelte. »Was ist?«

»Trinity sagt, dass uns zwei Männer hierher gefolgt sind. Beide mittelgroß, sportlich, schwarze Hose und schwarze Jacke.«

»Sicher?«, fragte Nick. Trinity, Carols CBPI, besaß einen von Carol selbst programmierten ausgefeilten Umgebungsscanner. Trotzdem zweifelte er, dass Trinity bei den Menschenmassen in der Halle die richtigen Schlüsse gezogen hatte. »Hier geht es zu wie in einem Bienenstock. Könnten die nicht zufällig den gleichen Weg haben wie wir?«

»Laut Trinity folgen sie uns, seit wir die Abflughalle betreten haben.«

Nick ließ seinen Blick unauffällig durch die Halle schweifen, konnte in dem Gewimmel jedoch nichts Ungewöhnliches entdecken. »Bruno? Fällt dir irgendetwas auf?«

»Nein, tut mir leid. Allerdings möchte ich in diesem Zusammenhang noch einmal darauf hinweisen, dass mein Umgebungsscanner furchtbar veraltet ist. Das ist höchst fahrlässig. Für unseren ersten Einsatz hätte man mir zwingend eine überarbeitete Version aufspielen müssen.«

»Ja, ja, schon gut. Warte mal.« Nick ging ein paar Schritte bis zu einer niedrigen Mauer, die ein Pflanzenarrangement einfasste, kletterte darauf und sah sich um. Jetzt hatte er einen etwas besseren Überblick. Tatsächlich entdeckte er in etwa zwanzig Meter Entfernung zwei Männer, die in ihre Richtung steuerten und eindeutig nicht wie normale Passagiere aussahen – dunkel gekleidet, ohne Gepäck und mit einem furchtbar grimmigen Gesichtsausdruck. Als einer der Männer Nick auf der Mauer bemerkte, stieß er seinen Nebenmann an und deutete auf ihn. Rasch kehrte Nick zu Carol zurück. »Ich sehe sie. Trinity hatte recht. Irgendetwas stimmt hier nicht. Vielleicht solltest du dich bei Bruno einklinken, damit wir uns leichter verständigen können.«

»Gute Idee«, pflichtete Carol bei und murmelte ein paar Befehle an Trinity. Sie war in der Lage, binär zu denken, und hatte ihre CBPIs dank ihrer außergewöhnlichen Programmierfähigkeiten so verändert, dass sie untereinander kommunizieren konnten. Dabei war sie so geschickt vorgegangen, dass niemand an der Schule die Modifikationen bemerkt und entsprechend wieder rückgängig gemacht hatte.

»Schon passiert«, sagte sie nach ein paar Sekunden. »Was wollen die von uns?«

»Wüsste ich auch gern. Sonderlich freundlich wirken sie jedenfalls nicht.«

»Dann sollten wir lieber kein Risiko eingehen, sonst ist unser erster Auftrag beendet, bevor er richtig angefangen hat.«

»Was schlägst du vor?«, fragte Nick.

Die Entscheidung wurde ihnen abgenommen, als sie plötzlich empörte Schreie vernahmen. Leute stolperten zur Seite oder wurden aus dem Weg gedrängt, während die Männer sich rücksichtslos und schnellen Schrittes einen Weg in Richtung der beiden Agenten bahnten.

Nick und Carol sahen sich an, nickten – und rannten los.

KAPITEL 2

»Bruno, gibt es hier irgendwo einen Bereich, in dem sich möglichst wenige Menschen aufhalten?«, fragte Nick, während sie durch die Abflughalle sprinteten.

»Von Terminal A gehen heute Abend keine Flüge mehr ab. Die Gates sollten also leer sein.«

»Wie kommen wir dahin?«

»In fünfzig Metern links abbiegen und dann immer geradeaus.«

In der Schule brachte man ihnen bei, dass Angriff oftmals die beste Verteidigung war – zumal ihre Gegner kaum mit den Fähigkeiten der jugendlichen Agenten rechneten. Nick hatte auch keineswegs vor, wegzulaufen. Er wollte vielmehr herausfinden, warum die Männer sie verfolgten. Und er wollte im Zweifelsfall in der Lage sein, entsprechend reagieren zu können – nur nicht unbedingt mitten in der vollen Abflughalle eines Flughafens.

Er sah sich um. Die beiden Männer rannten nun ebenfalls. Und sie waren nur noch etwa fünf Meter entfernt. So würden sie es nicht bis zum anderen Terminal schaffen. Plötzlich kam einer der Männer ins Straucheln und riss dabei seinen Begleiter fast mit zu Boden. Er war gegen ein rothaariges Mädchen geprallt, das nicht rechtzeitig aus dem Weg gesprungen war. Die Männer rappelten sich sofort wieder auf, aber ihr Stolpern verschaffte Nick und Carol wertvolle Zeit.

»Da vorne«, rief Carol und deutete auf ein Schild mit der Aufschrift *Terminal A*. Sie bogen in einen Durchgang ab, in dem sich kaum noch Passagiere aufhielten. Hinter einer Ecke gingen sie in Deckung und warteten. Wenige Sekunden später hörten sie Schritte, die sich schnell näherten, dann liefen die Männer aus dem Gang heraus und an ihnen vorbei.

»Hey!«, rief Nick.

Die beiden blieben ruckartig stehen und wandten sich um. Ihre grimmigen Mienen verzogen sich zu einem triumphierenden Lächeln.

»Was wollt ihr von uns?« Nick trat herausfordernd auf sie zu. Die Männer griffen unter ihre Jacken. Mit geschmeidigen und fast synchron ausgeführten Bewegungen zogen sie ihre Revolver hervor, zielten auf die beiden Jugendlichen und drückten, ohne zu zögern, ab.

Entsetzt starrte Nick in die Mündung des Pistolenlaufs, der direkt auf ihn gerichtet war. Er wunderte sich kurz, warum er keinen Schuss gehört hatte, bis ihm auffiel, dass auch alle anderen Geräusche um ihn herum verstummt und alle Bewegungen fast erstarrt waren. Dabei waren es nicht die Dinge um ihn herum, die stillstanden, sondern er, der sich um ein Vielfaches schneller bewegte als seine Umgebung – ein Effekt, der bei ihm durch den Ausstoß einer großen Menge Adrenalin hervorgerufen wurde. Er war *gesprungen*, und zwar gerade noch rechtzeitig. Die Kugel, die der Mann auf ihn abgefeuert hatte, bewegte sich mit einer solchen Geschwindigkeit, dass er ihren Flug selbst jetzt noch wahrnahm. Natürlich stellte sie keine Bedrohung mehr dar, weil er ihr mühelos ausweichen konnte. Aber hatte der zweite Mann seine Waffe nicht ebenfalls abgefeuert? Rasch suchte Nick den Bereich zwischen sich und den Männern ab und entdeckte auch das zweite Geschoss. Es flog direkt auf Carol zu. Nick überlegte fieberhaft. Carol zu bewegen war nahezu unmöglich, die Kugel mit bloßen Händen von ihrem Kurs abzubringen ebenfalls. Hektisch sah er sich nach etwas um, was er benutzen konnte. Viel Zeit blieb ihm nicht mehr. Noch etwa sechzig Sekunden, schätzte er, dann hatte die Kugel Carol erreicht. An einer Wand entdeckte er einen Sicherungskasten aus Glas, in dem ein Feuerlöscher hing. Er sprintete zu dem Kasten, schlug das Glas ein und riss den Feuerlöscher aus der Halterung. Dann raste er wieder zurück. Die Kugel war jetzt nur noch einen halben Meter von Carol entfernt und flog unaufhaltsam auf sie zu. Sie würde, wenn er sie nicht aufhielt, direkt in ihre Stirn eindringen. Nick blieb nur eine Chance: Mit aller Kraft schwang er den Feuerlöscher wie einen Baseballschläger gegen die Kugel. Der Widerstand war so heftig, dass ihm der Löscher aus der Hand gerissen wurde und scheppernd und eingedellt zu Boden fiel. Ängstlich beobachtete Nick die Kugel. Es musste gereicht haben. Es *musste* einfach!

Das Geschoss bewegte sich mit unverminderter Geschwindigkeit, aber es änderte tatsächlich minimal den Kurs – gerade so weit, dass es haarscharf über Carols Kopf hinwegflog und oberhalb von Nicks Kugel in die Wand einschlagen würde. Nick spürte eine Welle der Erleichterung in sich aufsteigen, doch er musste sich beeilen, solange sein Zustand anhielt. Die Gefahr war noch nicht gebannt.

Er wandte sich zu den beiden Männern um. Die Waffen konnte er ihnen nicht einfach abnehmen, es würde viel zu lange dauern, die Muskeln ihrer Finger aufzubiegen. Als sein Blick wieder auf den Feuerlöscher fiel, kam ihm blitzartig eine Idee. Er schnappte sich den roten Metallzylinder, zog den Sicherungsstift aus dem Griff, richtete den Schlauch auf Augenhöhe nach vorn und drückte mit aller Kraft den Hebel hinunter.

Es dauerte eine Weile, bis der erste Schaum langsam aus der Öffnung kroch und sich kegelförmig ausbreitete, während er sich auf die Gesichter der Männer zubewegte. Nick wartete noch einige Sekunden, dann ließ er den Feuerlöscher fallen und machte einen Satz zurück. Keine Sekunde zu früh, denn fast im gleichen Moment kehrten die Geräusche zurück. Um ihn herum lief alles wieder in normaler Geschwindigkeit ab. Auch der Schaum schoss jetzt mit hohem Druck aus dem Feuerlöscher.

Die Männer schrien überrascht und verwirrt auf, als ein Schwall der weißen Masse auf ihre Gesichter traf und ihnen augenblicklich die Sicht raubte. Mit einer schnellen Bewegung kickte Nick dem ersten Angreifer die Waffe aus der

Hand und wollte ihn mit einem weiteren Tritt in der Höhe der Brust zu Boden befördern, doch in dem Moment rutschte der Mann auf dem Schaum aus, sodass Nicks Fuß ihn am Kinn traf. Der Kerl verdrehte die Augen – und sackte bewusstlos zusammen.

Der zweite Angreifer hatte seine Pistole fallen gelassen und tastete nun hektisch in der weißen Masse auf dem Boden herum. Doch Carol war schneller. Sie fand die Waffe zuerst, hob sie auf und richtete sie auf den Mann. Widerwillig setzte er sich auf und hob die Hände.

»Gibt es irgendwas, womit wir ihn fesseln können?«, fragte Carol.

»Trägst du einen Gürtel?«

Carol nickte. »Ja, das könnte klappen.«

Sie zogen rasch ihre Gürtel aus und banden damit die Hände der Männer zusammen. Das würde zwar nicht ewig halten, aber für den Moment musste es ausreichen. Nick drehte den bewusstlosen Angreifer auf den Rücken und durchsuchte ihn gründlich. Der Mann war Asiate. In der Innentasche seiner Jacke fand Nick einen chinesischen Pass auf den Namen *Li Chang*, der jedoch mit ziemlicher Sicherheit gefälscht war. Sonst entdeckte er nichts Auffälliges, außer einer kleinen Tätowierung an der Innenseite des linken Handgelenks. Sie zeigte ein Dreieck und darüber einen Kreis, der von breiten Strahlen wie bei einer Sonne umgeben war.

Auch der zweite Angreifer hatte einen chinesischen Pass in der Tasche und dieselbe Tätowierung. An irgendetwas erinnerte Nick diese Zeichnung, aber ihm fiel nicht ein, an was.

Er beugte sich über den Mann. »Wer seid ihr? Für wen arbeitet ihr?«

Er bekam keine Antwort.

»Ich will die Befragung ja nur ungern unterbrechen, aber die Flughafen-Security ist auf dem Weg hierher«, meldete sich Bruno. »Wenn ihr es vermeiden wollt, in eine größere Untersuchung hineingezogen zu werden, wäre es das Klügste, baldmöglichst zu verschwinden.«

»Na, dann …«, Nick hob die Waffe des ersten Angreifers auf und nickte Carol zu, »… tun wir Bruno den Gefallen und verschwinden wir.«

Sie brauchten drei Minuten, um wieder zu ihren Plätzen zu gelangen. Die Waffen der Angreifer ließ Nick unterwegs in einer Toilette hinter einer großen Kiste mit Nachfüllseife verschwinden. Es würde eine Weile dauern, bis jemand sie dort entdeckte. Hätten die Security-Leute die Pistolen am Tatort gefunden, hätten sie augenblicklich den ganzen Flughafen absperren lassen.

Nick und Carol hatten sich gerade prustend auf die Sitze fallen lassen, als die junge Frau wieder auftauchte, die sie zuvor in Empfang genommen hatte.

»Wir sind etwas spät dran«, sagte sie freundlich lächelnd und reichte ihnen ihre neuen Bordkarten. »Bitte folgt mir.«

Nick tauschte mit Carol einen schnellen Blick aus. Entweder hatte die Frau von dem Tumult nebenan nichts mitbekommen oder sie ignorierte ihn, weil es ihre Aufgabe war, sie auf jeden Fall zu ihrem Anschlussflug zu bringen.

Als sie nach nur einer Minute ihr Abfluggate erreichten, starrten beide ungläubig auf das Ziel ihrer Reise, das auf einem Monitor angezeigt wurde.

Tribhuvan International Airport, Kathmandu.

KAPITEL 3

Auf dem Weg durch die Gangway und ins Flugzeug spekulierten sie darüber, welcher Art ein Auftrag sein konnte, für den sie nach Kathmandu reisen mussten, einigten sich aber darauf, dass ihnen nichts anderes übrig blieb, als sich überraschen zu lassen.

Kurz nachdem sich die Maschine in Bewegung setzte, begannen die Flugbegleiter mit der üblichen Demonstration der Notfall-Maßnahmen, doch Nick beachtete sie kaum. Seine Gedanken kreisten um das Ziel ihrer Reise und um das, was im Flughafen geschehen war. Wer waren die Männer? Wer hatte sie damit beauftragt, sie beide aus dem Weg zu räumen? Und vor allem – warum? Hatte es etwas mit ihrem neuen Auftrag zu tun?

»Und? Was, denkst du, war das gerade?«, fragte er leise, um nicht die Aufmerksamkeit der Sitznachbarn zu erregen.

»Keine Ahnung«, erwiderte Carol ebenso leise. »Eines der vielen Dinge, die ich nicht verstehe, ist zum Beispiel, wie die Typen die Waffen in den Terminal schmuggeln konnten. Sie mussten doch wie jeder andere auch durch den Sicherheits-Check.«

»Ich bezweifle, dass das gewöhnliche Waffen waren«, erwiderte Nick. »Sie waren viel kantiger und fühlten sich auch ganz anders an. Wahrscheinlich sind sie aus einem speziellen Kunststoff gefertigt, bei dem die Metalldetektoren nicht anschlagen. Und was hältst du von der Tätowierung am Handgelenk? Ob sie ein Erkennungszeichen ist?«

»Möglich. Oder sie haben mal zusammen einen über den Durst getrunken und dann beschlossen, sich ein Partnertattoo stechen zu lassen.«

Nick grinste. »Immerhin ist es keine Rosenranke geworden.«

»Oder ein flammendes Herz mit *Mama* als Inschrift«, fügte Carol kichernd hinzu.

Es tat gut, nach der Anspannung ein bisschen herumzualbern.

Als Nick mehr aus Gewohnheit denn aus Interesse seinen Blick durch das Flugzeug schweifen ließ, entdeckte er einige Reihen weiter hinten das Mädchen mit den roten Locken, das ihm schon im Flughafen aufgefallen war. Offenbar hatte sie den Rempler des Angreifers unbeschadet überstanden. Sie war etwa in seinem Alter und schien allein unterwegs zu sein. Gerade nahm sie die Kopfhörer aus den Ohren und lächelte der Stewardess zu, die überprüfte, ob sie richtig angeschnallt war. Nick stellte seine Rückenlehne gerade und schloss seinen Sicherheitsgurt.

Nachdem die Essenstabletts abgeräumt waren, wurde das Licht in der Kabine gedimmt. Als Nick sich kurz darauf zu Carol beugte, stellte er fest, dass sie eingeschlafen war. Plötzlich merkte er, dass er ebenfalls kaum noch die Augen offen halten konnte. Er sah sich noch einmal nach dem rothaarigen Mädchen um. Sie hatte sich ihre Jacke als Decke übergelegt und die Augen geschlossen. Einige ihrer wilden roten Locken hatten sich selbstständig gemacht und hingen quer über Mund und Nase. Nick ertappte sich bei dem Gedanken, dass er sie ihr gerne aus dem Gesicht gestrichen hätte. Er drehte sich wieder nach vorn, stellte seine Lehne zurück und machte es sich bequem. Wenige Sekunden später war er eingeschlafen.

KAPITEL 4

Pünktlich um kurz nach elf Uhr Ortszeit landeten sie in Kathmandu. Das bekamen Nick und Carol allerdings erst mit, als sie von einer Stewardess freundlich, aber bestimmt wachgerüttelt wurden. Verschlafen suchten sie ihre Sachen zusammen, verließen die Maschine und folgten den übrigen Passagieren zur Passkontrolle. Als Nick zum Schalter vortrat und dem Mann hinter der Scheibe Pass und Visum reichte, betrachtete der Nicks Papiere aufmerksam. Dann sah er mit undurchdringlicher Miene zu Nick und wieder hinunter auf den Pass. »Du bist nicht volljährig«, raunzte er. »Wo sind deine Eltern?«

Nick kramte eine Bescheinigung aus seinem Rucksack, die ihn als unbegleiteten Jugendlichen auswies und auf der die angeblichen Eltern von David Schmidt unterschrieben hatten, dass ihr Sohn alleine reisen durfte. Auch dieses Dokument studierte der Mann sorgfältig. Dann nahm er einen Telefonhörer in die Hand und sagte etwas auf Nepali in die Sprechmuschel. Nick versuchte, sich seine Nervosität nicht anmerken zu lassen. Natürlich waren die Dokumente von absoluten Spitzenleuten gefälscht worden, trotzdem konnte immer irgendetwas schiefgehen.

Nach einer quälend langen Minute, in der der Mann ihn mit versteinertem Gesichtsausdruck fixierte, schien er endlich eine Antwort am anderen Ende der Leitung zu bekommen. Er legte den Hörer auf und reichte Nick den Pass zurück. »Schönen Aufenthalt in Nepal. Der Nächste!« Nick atmete auf und trat durch die Absperrung. Als Carol daraufhin dem Mann Pass, Visum und Bescheinigung aushändigte, warf der nur noch einen kurzen Blick darauf, bevor er auch sie durchwinkte.

»Puh, ich dachte schon, der lässt sich jetzt mit meinen angeblichen Eltern verbinden, um nachzufragen«, sagte Nick, während sie sich auf den Weg zum Ausgang machten.

»Dann wäre er zu Direktor Faber durchgestellt worden, der ihm glaubhaft versichert hätte, dass sein Sohn David einen ehemaligen Schulfreund in Kathmandu besucht oder etwas in der Art«, entgegnete Carol. »Aber es hat ja auch so funktioniert.«

Da sie nur Handgepäck dabeihatten, konnten sie an den Gepäckbändern vorbei und direkt in Richtung Ankunftshalle gehen. Dort sollten sie von jemandem abgeholt und über alle weiteren Details des Einsatzes informiert werden.

Als sie durch die Türen in die belebte Halle traten, mussten sie sich in dem Durcheinander von Menschen erst einmal orientieren. Doch dann entdeckte Carol ein wenig abseits ein Pappschild, auf dem ihre Tarnnamen standen – zusammen mit einem weiteren Namen. Als sie sich in Richtung des Schildes vorarbeiteten, stellten sie mit einigem Erstaunen fest, dass es von einem jungen Mönch mit kurzgeschorenen Haaren und bordeauxroter Kutte gehalten wurde. Und mit noch größerem Erstaunen wurde Nick bewusst, zu wem der dritte Name auf dem Schild gehörte: Neben dem Mönch stand das Mädchen mit den roten Locken, das ihm schon in der Flughalle und im Flieger aufgefallen war, und lächelte ihnen entgegen.

»David? Marie?«, fragte der Mönch. Als Nick und Carol nickten, ließ er das Schild sinken und machte eine leichte Verbeugung. »Schön, dann seid ihr alle da«, fuhr er auf Englisch fort. Seine Stimme hatte einen angenehm melodischen asiatischen Akzent. »Mein Name Dipesh. Ich hier, um euch abzuholen. Kommt, bitte.« Er wandte sich um und ging in Richtung Ausgang.

Während sie ihm durch das dichte Gedränge folgten, streckte das Mädchen Nick und Carol die Hand entgegen. »Hi, ich bin Becca«, sagte sie. »Und wie heißt ihr? Sicherlich nicht David und Marie, oder?«

Carol warf Nick einen fragenden Blick zu. Er zögerte kurz. Schließlich wussten sie nicht, welche Rolle das Mädchen spielte. Andererseits hatte sie ganz offensichtlich etwas mit ihrem Auftrag zu tun. Er zuckte mit den Schultern und reichte ihr die Hand. »Ich bin Nick. Schön, dich kennenzulernen.«

»Und ich heiße Carol.«

»Du bist auch mit der Maschine aus Muscat gekommen, oder?«, fragte Nick, während sie aus dem Flughafengebäude ins Freie traten. Heiße, schwüle Luft schlug ihnen entgegen. Es war Mai und bald würde in der Region die Regenzeit beginnen, doch heute schien die Sonne von einem stahlblauen Himmel.

»Stimmt«, antwortete Becca. »Was ist eigentlich aus den Typen geworden, die euch verfolgt haben? Konntet ihr sie abhängen?«

»So etwas in der Art«, entgegnete Nick ausweichend. »Vielen Dank übrigens für deine Hilfe.«

»Wie meinst du das?«

»Nun ja, ich vermute jetzt einfach mal, dass die beiden nicht ganz zufällig über dich gestolpert sind.«

»Richtig vermutet«, erwiderte Becca und lachte, wobei zwei kleine Grübchen auf ihren Wangen erschienen. Im hellen Sonnenlicht fielen Nick jetzt auch einige Sommersprossen auf, die über ihre Nase und Wangen versprenkelt waren.

»Woher wusstest du, dass sie uns verfolgen?«, fragte Carol misstrauisch.

»Das war kaum zu übersehen«, erwiderte Becca schulterzuckend. »Was wollten sie von euch?«

»Das wüssten wir auch gern«, sagte Nick.

»Vielleicht kannst du es uns ja sagen«, fügte Carol herausfordernd hinzu.

Becca zog fragend die Augenbrauen hoch, ging ansonsten aber nicht auf Carols Bemerkung ein und folgte Dipesh die Stufen eines Parkhauses hinauf. Nick hielt Carol am Arm fest und zwang sie, ein paar Schritte zurückzubleiben. »Was sollte das denn?«, wisperte er. »Wieso bist du ihr gegenüber so misstrauisch?«

»Und wieso bist du so auskunftsfreudig?«, konterte Carol. »Wir haben doch gar keine Ahnung, was sie hier will.«

»Sie wird schon irgendwas mit unserem Auftrag zu tun haben. Außerdem habe ich keinerlei Details preisgegeben.«

»Wie auch immer – vielleicht solltest du dich ein bisschen bedeckt halten, bis wir wissen, worum es überhaupt geht.«

Nachdem sie das obere Parkdeck erreicht hatten, steuerte Dipesh auf einen alten, ziemlich klapprig wirkenden Pick-up zu. Mit einer entschuldigenden Geste wies er auf die Fahrerkabine und bedeutete ihnen, einzusteigen. »Leider Auto hat nicht viel Platz. Aber es wird schon gehen.«

Während der Mönch sich auf den Fahrersitz setzte, quetschten sie sich nebeneinander auf die Vorderbank. Als Dipesh den Zündschlüssel drehte, erwachte der altersschwache Motor röchelnd zum Leben. Rumpelnd und knatternd kurvten sie aus dem Parkhaus hinaus und schienen im gleichen Moment in eine vollkommen andere Welt einzutauchen. Der Flughafen grenzte an dicht bebaute Wohnviertel, und auf und neben den Straßen herrschte ein unvorstellbares Gewusel. Die Bürgersteige quollen über von Einheimischen, Touristen, Händlern, Bettlern und Straßenverkäufern. Sie passierten kleine Tempelanlagen, vor denen Mönche in leuchtend orangefarbenen Gewändern saßen; Läden, in denen die Händler Teppiche, Stoffe und Modeschmuck bis unter die Decke getürmt hatten; und einmal entdeckte Nick sogar einen Zahnarzt, der seine Patienten in einer zur Straße hin offenen Praxis behandelte. Die Fassaden der Häuser waren bunt, aber heruntergekommen, überall lag Schutt herum, in der Luft hing Staub. Auf den Straßen, die sich in einem erbärmlichen Zustand befanden, herrschte Chaos: Es wurde gehupt und gedrängelt, jeder schien selbst zu entscheiden, wie viele Spuren es gab, immer wieder begegneten sie vollkommen überladenen Bussen, alten Mofas, auf denen manchmal drei Personen gleichzeitig saßen, und passierten Büffelkarren, deren Zugtiere gemächlich am Straßenrand entlangtrotteten. Einmal kam beinahe der gesamte Verkehr zum Erliegen, weil ein schlafender Hund mitten auf der Straße lag, woraufhin sämtliche Gefährte respektvoll um ihn herumkurvten, um ihn nicht zu stören. Während Nick kaum Zeit fand, die vielen Eindrücke in sich aufzunehmen, lotste Dipesh den Wagen mit einer Gelassenheit durch den dichten und lauten Verkehr, die Nick eine gehörige Portion Anerkennung abverlangte.

Sie fuhren aus der Stadt hinaus in Richtung Berge. Je länger sie unterwegs waren, desto weniger Verkehr herrschte auf den Straßen. Ab und zu warf Nick Becca einen unauffälligen Blick zu. Sie sah aus dem Fenster und betrachtete offenbar ebenso fasziniert die Umgebung wie er. Ihre roten Korkenzieherlocken hüpften bei jeder Bodenwelle fröhlich auf und ab. Und während ihm vor lauter Schweiß das T-Shirt am Körper klebte, schien ihr die Hitze nichts anzuhaben.

Bald hatten sie das Tal verlassen, in dem sich Kathmandu befand, und die Ausläufer der umliegenden Berge erreicht. Die Straße wand sich durch lichten Tropenwald stetig bergauf und gab in den Kurven hin und wieder einen Blick auf die unter ihnen liegende Millionenmetropole frei.

Je weiter sie fuhren, desto einsamer wurde die Umgebung – und desto schlechter wurden die Straßenverhältnisse. Die Straße bestand inzwischen nur noch aus einer mit Schlaglöchern übersäten Lehmpiste, auf der sie derart durchgeschüttelt wurden, dass Nick sich fast in den chaotischen Verkehr in Kathmandu zurücksehnte. Dipesh steuerte den Pick-up immer weiter den Berg hinauf, nahm hin und wieder eine Abzweigung und bog schließlich in einen schmalen unbefestigten Weg ein, der mitten in den Wald hineinführte und gar kein Ende zu nehmen schien.

Als Nick schon glaubte, dass sie in diesem Leben nirgendwo mehr ankommen würden, das auch nur im Entferntesten an Zivilisation erinnerte, hörte der Wald mit einem Mal auf. Einige Minuten lang führte der Weg zwischen hohen Felsen entlang, die sich rechts und links von ihnen auftürmten. Plötzlich stieß Carol ihn an und deutete nach vorn. Zwischen den Felsen versperrte etwas die Straße. Im Näherkommen entpuppte sich das Hindernis als ein etwa vier Meter hohes vergittertes Tor, das in das Gestein eingelassen worden war.

Kurz vor dem Tor brachte Dipesh den Wagen zum Stehen. Während hinter dem Gitter zwei mit langen Stöcken bewaffnete Mönche auftauchten, wandte er sich zu ihnen um und lächelte freudestrahlend. »Wir sind da.«

KAPITEL 5

Die beiden Mönche, die mit unbeweglicher Miene das Tor bewachten, sahen nicht so aus, als würden sie den Weg freigeben. Als sie Dipesh erkannten, öffneten sie jedoch anstandslos das Tor und ließen sie passieren.

Der Pfad führte bis an den Rand des Berges und schlängelte sich dann noch eine ganze Weile am Hang entlang. Die Fahrbahn war nicht viel breiter als der Pick-up und schien direkt aus dem Fels herausgehauen worden zu sein. Während sich auf der linken Seite der Berg über ihnen auftürmte, ging es rechts steil nach unten in einen schier bodenlosen Abgrund.

Nach einer der unzähligen Kurven bot sich ihnen mit einem Mal ein atemberaubender Anblick: Am Hang thronte ein Kloster, das ebenso wie die schmale Straße direkt aus dem Fels herausgehauen zu sein schien und in schwindelerregender Höhe am Berg klebte. Die Anlage wirkte alt und nicht besonders groß, wobei dieser Eindruck täuschen mochte, da die einzelnen Gebäude etwas versetzt über den Hang verstreut lagen. Die Pagodendächer schimmerten in der Sonne, neben dem Eingang flatterten bunte Gebetsfahnen im Wind.

»Wow«, entfuhr es Carol ehrfürchtig. »Was ist das für ein Ort?«

»Das«, sagte Dipesh mit unüberhörbarem Stolz in der Stimme, »ist Kloster Sunkhani Sera.« Er lenkte den Pick-up auf einen kleinen Vorplatz und brachte ihn unter einem groben Holzunterstand zum Stehen. »Es ist eines der ältesten Klöster von Nepal, aber Menschen haben es vergessen. Niemand kommt her. Wenn doch, er wird weggeschickt von Wachen am Tor.«

Sie öffneten die Türen und stiegen aus. Dankbar streckte Nick seine steifen Glieder. »Und warum darf kein Fremder das Kloster betreten?«, fragte er.

»Weil sich hier befindet sehr wertvoller Schatz«, erwiderte der junge Mönch und schmunzelte geheimnisvoll.

»Verrätst du uns auch, was das für ein Schatz ist?«, hakte Becca nach.

»Dazu ich nichts sagen darf«, entgegnete Dipesh. »Aber ihr werdet bald erfahren. Kommt.«

Er ging über den Vorplatz auf den Eingang des Klosters zu. Die schweren, mit Schnitzereien verzierten Holztüren öffneten sich mit einem leisen Knarren und gaben den Blick auf einen rechteckigen, schattigen Innenhof frei. Sie durchschritten den Hof und traten durch den gegenüberliegenden Durchgang. Dieser führte in einen Flur, an dessen Ende sie eine kleine Treppe hinaufstiegen und einen weiteren Innenhof ähnlich dem ersten betraten. Der verwinkelte und unübersichtliche Eindruck, den das Kloster von außen gemacht hatte, bestätigte sich in seinem Inneren. Außerdem wirkte es wie ausgestorben – sie begegneten keiner Menschenseele. Nach weiteren Abzweigungen, Treppen und Fluren erreichten sie einen Gang, von dem mehrere Türen abgingen.

»Hier ihr könnt schlafen«, erklärte Dipesh. »Zimmer sind einfach, aber reichen aus.«

»Einfach« war schon fast übertrieben für das, was sich ihnen bot: Die winzigen Zimmer waren mit einem Bett, einem Stuhl und einem Tisch ausgestattet, auf dem eine Waschschüssel sowie ein Wasserkrug und ein Glas standen. Aber Dipesh hatte recht – es würde reichen. Schließlich waren sie nicht zum Urlaubmachen hierhergekommen.

»Ihr euch könnt frisch machen«, sagte Dipesh. »Dann ich bringe euch zu Abt. Er erklärt euch alles.«

Nachdem sich die Tür hinter dem jungen Mönch geschlossen hatte, warf Nick seinen Rucksack aufs Bett und ließ sich danebenplumpsen. Die holprige Fahrt und die Hitze hatten ihn ganz schön geschlaucht. Er fragte sich, was es in einem abgelegenen nepalesischen Kloster wohl geben mochte, das den Einsatz von Carol und ihm rechtfertigte. Und er war gespannt, welche Rolle Becca bei dem Ganzen spielte.

Nick fand gerade genug Zeit, um etwas zu trinken, sein Gesicht zu waschen und sein vollkommen verschwitztes T-Shirt zu wechseln, dann klopfte Dipesh bereits wieder an die Tür. Nick trat zu ihm und den Mädchen in den Flur hinaus. Auch Carol schien sich erfolgreich abgekühlt zu haben, und Becca wirkte ja ohnehin, als wäre sie dieses Klima gewohnt.

Sie folgten Dipesh einen weiteren Gang entlang, der ins Freie führte. Zu ihrer Überraschung fanden sie sich in einem großen, prachtvoll angelegten Garten wieder, der sich über ein Felsplateau erstreckte und von außen nicht zu sehen gewesen war. Die gepflegten Wege wurden von Büschen und bunten Blumen gesäumt, unter großen, Schatten spendenden Bäumen luden einfache Holzbänke zum Verweilen ein. Der Garten endete an einer Felskante, hinter der es senkrecht in die Tiefe ging. Von hier aus hatte man eine fantastische Aussicht über das Tal, das sich in sanften grünen Wellen unter ihnen ausbreitete. In der Ferne konnten sie die Ausläufer Kathmandus erkennen, im Hintergrund leuchteten die schneebedeckten Gipfel des Himalayas.

Dipesh steuerte den vorderen Teil des Gartens an. Im Schatten eines knorrigen, ausladenden Baumes saß ein älterer Mönch und ließ seinen Blick über das Tal schweifen.

Als sie den Mann erreicht hatten, verbeugte Dipesh sich vor ihm. »Die Agenten aus Deutschland und Israel, ehrenwerter Abt.«

KAPITEL 6

Nick war baff. Becca war eine israelische Agentin? Das ließ eigentlich nur einen Schluss zu: Sie gehörte zum Mossad! Und das bedeutete, dass BND und Mossad bei diesem Auftrag zusammenarbeiteten.

Bevor Nick sich weiter mit dem Gedanken auseinandersetzen konnte, erhob sich der ältere Mönch und wandte sich zu ihnen um. »Danke, Dipesh. Bitte lass uns allein.«

Nachdem Dipesh gegangen war, deutete der Abt eine Verbeugung an. »Mein Name ist Aadarsh Taehyung«, stellte er sich vor. »Herzlich willkommen in unserem Land. Hattet ihr eine angenehme Reise?«

Nick verzog das Gesicht. »Ja, vielen Dank. Auch wenn *angenehm* nicht unbedingt das Wort ist, das ich benutzen würde.«

Aadarsh lachte leise. »Ja, die Straßen Nepals sind nicht sonderlich komfortabel. Aber sie führen zum Ziel. Kommt, setzen wir uns.«

Unter einigen ausladenden Ästen waren Sitzkissen bereitgelegt worden. Dankbar für den Schatten, den der Baum spendete, nahmen sie Platz. »Ihr fragt euch sicher, was der Grund für euren Besuch ist«, fuhr Aadarsh fort. »Aber zunächst würde ich gern erfahren, was ihr über unser Nachbarland Tibet wisst.«

Nick stutzte. Tibet? Das Heimatland seiner Mutter? Was für ein seltsamer Zufall. »Tibet liegt im Südosten Chinas«, antwortete er. »Weil es die höchstgelegene Region der Welt ist, bezeichnet man es auch als ›Dach der Welt‹. Religion spielt in Tibet eine große Rolle, die meisten Bewohner sind Buddhisten. Allerdings ist der Dalai Lama, das buddhistische Oberhaupt, vor vielen Jahren gestorben, ohne einen Nachfolger zu hinterlassen. Die Grenze zwischen Tibet und Nepal ist nur wenige Hundert Kilometer nördlich von hier.«

Aadarsh nickte. »Sehr gut. Und was wisst ihr über die politischen Beziehungen zu China?«

Wenn Aadarsh mit ihnen so eingehend über Tibet sprach, musste ihr Auftrag irgendwie damit zu tun haben. Vor einigen Jahren hatte Nick zusammen mit seinem Vater eine Rundreise durch das Land gemacht. Damals war er schlicht zu jung gewesen, um sich näher dafür zu interessieren. Er erinnerte sich dumpf an den Konflikt zwischen China und Tibet, konnte sich aber an keine Einzelheiten erinnern. Zum Glück schien Becca genauer Bescheid zu wissen.

»Das ist ziemlich kompliziert. Tibet sieht sich als unabhängiger Staat, China beansprucht Tibet jedoch für sich. Die Chinesen halten Tibet besetzt und drängen die tibetische Kultur immer weiter zurück. Völkerrechtlich ist das Ganze sehr umstritten.«

»So ist es«, erwiderte Aadarsh. »Dieser Konflikt dauert jetzt schon viele Jahrzehnte. Als die Chinesen in Tibet einmarschierten, musste der Dalai Lama, das politische und religiöse Oberhaupt Tibets, fliehen. Über 60 Jahre lang lebte er im Exil in Indien und versuchte von dort aus, mit den Chinesen einen Kompromiss zu finden. Er wollte die Oberhoheit Chinas anerkennen, wenn China den Tibetern im Gegenzug erlaubte, ihre Religion ausüben zu dürfen. Doch er scheiterte. Vor dreizehn Jahren ist er im Exil gestorben.«

»Und was ist nach seinem Tod geschehen?«, fragte Carol.

»Der Dalai Lama hat immer zu Gewaltlosigkeit aufgerufen. Wenn es bewaffnete Aufstände von Tibetern gab, hat er sie verurteilt und seine Landsleute gebeten, die Waffen niederzulegen. Er war auf der Suche nach einer friedlichen Lösung. Doch seit seinem Tod kommt es vermehrt zu Unruhen. Einige Tibeter radikalisieren sich, um sich für die Unabhängigkeit Tibets einzusetzen. Außerdem wird die Region immer öfter von Terroranschlägen heimgesucht. De facto steht Tibet kurz vor einem Bürgerkrieg.«

»Gibt es denn keinen neuen Dalai Lama, der die Verhandlungen weiterführen könnte?«, fragte Nick.

»Der Dalai Lama ist kein Titel, der einfach weitergegeben wird«, entgegnete Becca. »Die buddhistische Lehre besagt, dass er wiedergeboren wird. Wenn der Dalai Lama stirbt, wandert seine Seele in den Körper eines ungeborenen Kindes und muss erst von ranghohen Mönchen ›gefunden‹ werden. Und selbst wenn das inzwischen geschehen ist, wäre der neue Dalai Lama gerade mal zwölf oder dreizehn Jahre alt.«

»Außerdem – was nützt ein neuer Dalai Lama, wenn er weiter im Exil leben muss?«, fügte Carol hinzu. »Ein Oberhaupt, das nicht im eigenen Land leben darf – das ist doch absurd!«

Aadarsh lächelte. »Ich sehe, ihr habt verstanden, worum es geht. Nach dem Tod des 14. Dalai Lama gab es in der Tat weitere Verhandlungen. Viele Jahre lang berieten China und die internationale Staatengemeinschaft, wie man den Konflikt befrieden könnte. Und vor einigen Wochen hat man endlich eine Einigung erzielt, die heute offiziell bekannt gegeben und unterzeichnet wurde. Tibet bleibt eine autonome Region innerhalb Chinas, akzeptiert aber die Oberhoheit der chinesischen Regierung. Die Chinesen erkennen den Dalai Lama als religiöses Oberhaupt Tibets an und sichern den Tibetern zu, unbehelligt ihre Religion ausüben und ihre Klöster betreiben zu dürfen. Dafür gibt der Dalai Lama jegliche politischen Ansprüche auf.«

»Das heißt, der Dalai Lama darf nach Tibet zurückkehren?«, erkundigte sich Carol.

»Zum ersten Mal seit fast 75 Jahren, ja.«

»Aber ich dachte, der Dalai Lama sei gestorben?«, fragte Nick verwirrt.

»Wie deine Kollegin bereits bemerkte: Der Dalai Lama wurde wiedergeboren.«

»Ich erinnere mich, vor einiger Zeit einen Artikel darüber gelesen zu haben. Offiziell heißt es, dass die Wiedergeburt des Dalai Lama bis heute nicht gefunden wurde«, warf Becca ein.

»So lauten die offiziellen Berichte. Aber sie sind bewusst gefälscht worden.«

»Und wo befindet sich der Dalai Lama jetzt?«, hakte Becca nach.

»Gehen wir ein Stück.« Aadarsh erhob sich und schritt zwischen den Blumenrabatten hindurch zu einem kleinen, höher gelegenen Felsplateau, das durch einige Stufen mit dem großen Garten verbunden war. Sie folgten ihm die aus dem Fels gehauene Treppe hinauf.

Der obere Teil des Gartens war schlichter angelegt als der untere. Es gab keine Blumen, Büsche oder Bäume, nur eine große, leidlich grüne Rasenfläche, auf der mit Kies bestreute Wege ein geometrisches Muster bildeten.

Aadarsh blieb stehen und betrachtete die drei Jugendlichen feierlich. »Es wird Zeit, dass ihr von eurem Auftrag erfahrt.« Er deutete zu einer Stelle am Rand des Plateaus. Dort saß ein Junge in Mönchskleidung auf dem Boden und meditierte. »Dieser Junge dort ist Trijang Semkyi. Er ist die Reinkarnation Seiner Heiligkeit, des ehrenwerten Dalai Lama. In einer Woche wird er unter dem Namen Jamgön Jigme Wangshuk Chökyong Norbu Kyentse Gyatso im Potala-Palast in Lhasa zum 15. Dalai Lama gekrönt. Und ihr sollt dafür sorgen, dass er wohlbehalten dort ankommt.«

KAPITEL 7

Nick, Carol und Becca starrten in Richtung des Jungen, der offenbar derart tief in seiner Meditation versunken war, dass er sie nicht bemerkte. Auf die Entfernung konnte Nick sein genaues Alter nur schätzen, aber der Mönch war auf jeden Fall jünger als er selbst. In seiner Vorstellung war der Dalai Lama immer ein alter, weiser Mann gewesen. Kaum zu glauben, dass dieser Junge bald das religiöse Oberhaupt von Millionen von Menschen werden sollte!

»Trijang wurde knapp zehn Monate nach dem Tod des ehrenwerten 14. Dalai Lama in einem Dorf im Nordwesten Tibets geboren. Ein Suchtrupp hat ihn vor etwa zehn Jahren ausfindig gemacht, und es wurde beschlossen, ihn zu seiner eigenen Sicherheit außer Landes zu bringen. Seitdem lebt er hier in unserem Kloster und wird auf seine kommenden Aufgaben vorbereitet.«

»Was ist mit seinen Eltern?«, fragte Carol.

»Sie sind bei einem Lawinenunglück ums Leben gekommen, als Trijang gerade ein halbes Jahr alt war. Wäre er nicht als Dalai Lama erkannt worden, hätte er in bitterer Armut leben müssen.«

»Wer weiß, dass er hier ist?«, wollte Becca wissen.

»Niemand«, erwiderte Aadarsh. »Die Öffentlichkeit wurde in dem Glauben gelassen, dass die Wiedergeburt des Dalai Lama noch nicht ausfindig gemacht werden konnte. Dies geschah zu Trijangs Sicherheit. Auch die Reise nach Lhasa wird unter absoluter Geheimhaltung stattfinden. Kommt, gehen wir weiter, damit wir Trijang nicht in seiner Meditation stören.«

Sie gingen über einen der vielen Wege zurück in Richtung Kloster. Kies knirschte unter ihren Schritten. Das Geräusch vermischte sich mit einem hölzernen Klacken, dessen Ursprung sie nicht ausmachen konnten, das aber stetig lauter wurde, je näher sie dem Gebäude kamen.

Nick schwirrte der Kopf. Ihr Auftrag war von unglaublichem politischen Ausmaß – und doch verstand er ihn noch nicht in allen Einzelheiten. »Warum darf niemand erfahren, dass wir Trijang nach Lhasa bringen? China hat der Wiedereinsetzung des Dalai Lama zugestimmt, und die Tibeter werden sich freuen, dass ihr Oberhaupt nach so vielen Jahren wieder in ihr Land zurückkehrt, auch wenn er nur religiöse Aufgaben übernehmen darf. Im Grunde sind doch alle zufrieden. Wo ist das Problem?«

»Von offizieller Seite hat Trijang nichts zu befürchten, das stimmt«, erwiderte Aadarsh. »Aber die Terroranschläge, die Tibet in den letzten Jahren erschüttert haben, sind eine ernst zu nehmende Bedrohung. Sie wurden von einer Organisation namens COSA verübt, das ist eine Abkürzung für *Communist State of Asia.* Ihre Anhänger haben es sich zum Ziel gesetzt, die gesamte Region zu destabilisieren, um am

Ende einen eigenen Staat ausrufen zu können. Ein Anschlag auf den Dalai Lama wäre die perfekte Möglichkeit, Tibet in das totale Chaos zu stürzen. Auf dem Weg nach Lhasa ist Trijang am verwundbarsten. Egal, wie viele Sicherheitsvorkehrungen getroffen würden, es gäbe Dutzende Möglichkeiten, einen Anschlag auf ihn zu verüben. Die Terroristen haben ihre Leute überall eingeschleust, niemand weiß, wer alles für sie arbeitet. Aus diesem Grund wurde beschlossen, Trijang heimlich nach Lhasa zu bringen. Zu seinem Schutz wurde eine internationale Truppe aus Geheimagenten zusammengestellt. Eine Reise mit dem Flugzeug wäre zu gefährlich. Ihr würdet viel zu viel Aufmerksamkeit erregen. Deswegen werdet ihr Seine Heiligkeit auf dem Landweg nach Lhasa begleiten.«

»International?«, fragte Nick. »Das klingt, als gäbe es noch mehr Agenten.«

»Selbstverständlich«, erwiderte Aadarsh. Sie hatten die Klostermauern erreicht. Als sie dem Abt durch eine breite Tür ins Innere folgten, erkannte Nick schlagartig, woher das hölzerne Klacken kam, das sie auf dem Weg hierher begleitet hatte. Sie befanden sich wieder in einem Innenhof, und bei dem Anblick, der sich ihnen bot, verschlug es ihnen zum zweiten Mal innerhalb kurzer Zeit den Atem. In der Mitte des sandigen Platzes standen sich etwa zwanzig Mönche gegenüber und vollführten einen Bewegungsablauf, der an eine Mischung aus Karate, Jiu Jitsu und Kung Fu erinnerte. Dabei hielten sie einen mannshohen Stock in der Hand, den sie in beeindruckender Geschwindigkeit um sich herumwirbelten oder, einen Angriff simulierend, gegen den Stock ihres Gegenübers schlugen. Es ging eine erstaunliche Energie von den Mönchen aus, die die einzelnen Figuren mit unglaublicher Kraft und Entschlossenheit ausführten. Jetzt verstand Nick, warum der angehende Dalai Lama ausgerechnet hier versteckt worden war. Das Kloster lag so abgelegen, dass niemand zufällig darüber stolpern würde. Und sollte es doch mal jemandem gelingen, unentdeckt durch das Eingangstor und über den schmalen Zufahrtsweg zu kommen, wären die Mönche bestens in der Lage, sich zur Wehr zu setzen.

In einer Ecke des Hofes saßen zwei Jungs auf einer Bank und schauten den Mönchen beim Training zu. Während Aadarsh in einem großen Bogen um die Kämpfer herum auf die beiden zuging, sagte er: »Zwei Junioragenten des MI6 befinden sich bereits in Lhasa, um dort alles für eine sichere Ankunft Trijangs vorzubereiten. Ihr werdet sie dort treffen. Die anderen beiden Kollegen, die euch auf dem Weg dorthin unterstützen werden, sind bereits heute Morgen angekommen.«

Er trat zu den beiden Jungs, die aufgestanden waren und ihnen interessiert entgegenblickten.

»Darf ich vorstellen? Jack und Miles. Sie sind von der CIA.«

KAPITEL 8

Mossad, MI6, CIA – also war der BND nicht der einzige Geheimdienst, der jugendliche Spezialagenten ausbildete. Nick kam sich ziemlich dumm vor, dass ihn diese Tatsache so überraschte.

Sie schüttelten den Amerikanern die Hand und stellten sich vor. Die beiden Jungs machten einen netten, aber auch ziemlich reservierten Eindruck. Jack verkörperte für Nick den typischen amerikanischen Sunnyboy: selbstbewusst, sportlich und braun gebrannt. Miles hingegen hatte dunkle Haut, einen etwas untersetzten Körperbau und sah mit seiner tief sitzenden Hose und dem schlabbrigen T-Shirt eher aus wie ein Rapper als wie ein Geheimagent im Dienst seiner Regierung.

»Ich werde euch jetzt allein lassen«, sagte Aadarsh. »Nutzt den Rest des Tages, um euch auszuruhen. Vor eurem Aufbruch morgen früh besprechen wir alles Weitere.«

Nachdem der Abt im Inneren des Klosters verschwunden war, standen sich die fünf Agenten unschlüssig gegenüber. Nick hätte die anderen am liebsten mit Fragen bombardiert – Wo befindet sich eure Schule? In was werdet ihr unterrichtet? Habt ihr auch spezielle Fähigkeiten? –, wurde aber das Gefühl nicht los, dass niemand großes Interesse an einer Unterhaltung hatte.

»Dürfen wir uns zu euch setzen?«, fragte er schließlich.

Jack zuckte mit den Schultern. »Klar, warum nicht.«

Sie setzten sich nebeneinander auf die lange Bank, die im Schatten der Mauer stand. Zwar war es bereits später Nachmittag und die Sonne würde bald hinter einem der hohen Berge verschwinden, aber es war immer noch drückend heiß und schwül.

»Wann seid ihr angekommen?«, fragte Becca.

»Heute Morgen. Ist nicht viel los hier – wird Zeit, dass was passiert«, erwiderte Miles. Er zog eine Tüte Lakritz aus der Tasche und bot sie ihnen an. »Auch welche?«

»Nein, danke«, entgegnete Becca. »Von Lakritz wird mir schlecht.« Auch Nick und Carol lehnten ab.

Für eine Weile sahen sie den Mönchen zu, die zum Kampf Mann gegen Mann übergegangen waren.

»Ich kannte bisher nur die Shaolin in China«, versuchte Nick das Gespräch wieder aufzunehmen. »Ich wusste nicht, dass es auch in Nepal kämpfende Mönche gibt.«

»Ist auch eher unüblich«, sagte Jack. »Aber an diesem Kloster ist so ziemlich alles unüblich.«

»Seid ihr noch in der Ausbildung, oder hattet ihr schon Einsätze?«, fragte Carol.

»Oh, wir haben schon eine Menge Einsätze hinter uns. Ihr etwa nicht?«

»Ich habe die Ausbildung vor einem Jahr abgeschlossen«, antwortete Becca. »Und ihr zwei?«

»Das ist unser erster offizieller Auftrag«, erwiderte Carol stolz.

»Ach du Scheiße, zwei Newbies!« Becca sah zu Jack und Miles, die ebenso überrascht wirkten wie sie.

»Was soll das denn heißen?«, fragte Carol empört. »Dass du schon im Ersten Weltkrieg dabei warst? Als beste Freundin von Mata Hari?«

»Viel Erfahrung habt ihr jedenfalls nicht«, entgegnete Becca.

»Hattest du bei deinem ersten Auftrag auch nicht«, konterte Carol.

»Der war aber bei Weitem nicht so wichtig wie der hier.«

»Tja, mit *unwichtigen* Aufgaben halten wir uns eben nicht auf. Denk mal darüber nach, bevor du uns derart infrage stellst.«

»Lass gut sein, Carol«, fiel Nick ein. »Ich kann sie verstehen.«

»Wie bitte?« Carol sah aus, als traue sie ihren Ohren nicht. »Gibst du ihr etwa recht?«

»Wir müssen uns in den nächsten Tagen hundertprozentig aufeinander verlassen können. Da finde ich es durchaus verständlich, dass Becca etwas skeptisch ist.«

»Skeptisch, hm?«, sagte Carol, und ihre Stimme troff vor Ironie. »Klingt nach der perfekten Basis für eine erfolgreiche Zusammenarbeit.«

Bevor sie weiterdiskutieren konnten, ertönte plötzlich ein Gong. Die Mönche beendeten ihr Training, verbeugten sich förmlich voreinander und zerstreuten sich. Gleichzeitig trat

Dipesh aus einer Tür auf sie zu. »Zeit für Abendessen. Folgt mir. Ihr müsst sein hungrig.«

Nick war froh, dass die Diskussion durch das Erscheinen des jungen Mönches beendet worden war. Außerdem erinnerten Dipeshs Worte daran, dass er den ganzen Tag noch nichts Vernünftiges gegessen hatte. Die Agenten folgten ihm durch das Gewirr von Gängen und Treppen in einen großen Raum, in dem mehrere lange Tische standen. Schweigend setzten sie sich an den Platz, den Dipesh ihnen zuwies, und beobachteten, wie immer mehr Mönche den Saal betraten, bis schließlich alle Tische besetzt waren. Es mochten an die zwanzig Ordensbrüder sein, was angesichts der Größe des Klosters nicht sonderlich viel war. Trijang und der Abt befanden sich jedoch nicht unter ihnen.

Das Essen war einfach, aber ausgesprochen lecker. Im Raum herrschte gespanntes Gemurmel; immer wieder warfen die Mönche ihnen verstohlene Blicke zu, manche lächelten sie auch offen an. Es mochte daran liegen, dass sie um die heikle und überaus wichtige Mission der Agenten wussten. Es konnte aber auch schlicht damit zu tun haben, dass sie hier oben in der Abgeschiedenheit nicht oft Fremde zu Gesicht bekamen.

Nachdem das Essen offiziell beendet war, verkündete Carol einsilbig, dass sie auf ihr Zimmer gehen würde. Nick beschloss, sie zu begleiten. Inzwischen tat es ihm leid, dass er ihr im Beisein der anderen in den Rücken gefallen war.

Carol schien trotz der unübersichtlichen Aufteilung des Klosters die Orientierung behalten zu haben, denn nach ein paar Abbiegungen standen sie wieder in dem Flur des Gästetrakts. Vielleicht hatte aber auch Trinity ihre Finger im Spiel. Sie betraten Nicks winziges Zimmer und ließen sich nebeneinander auf das Bett fallen.

»Was für eine eingebildete Kuh!«, brach es aus Carol heraus, deren Wut offenbar noch nicht verraucht war. »Und ich kann nicht glauben, dass du ihr auch noch recht gibst.«

»Hab ich nicht, aber du hast völlig überreagiert. Du musst Becca doch nicht gleich zur Schnecke machen, nur weil sie etwas sagt, was dir nicht in den Kram passt.«

»Es geht nicht darum, *was* sie gesagt hat, sondern *wie.*« Carol musterte Nick mit einem kritischen Seitenblick. »Kann es sein, dass du sie ziemlich interessant findest und sie deshalb in Schutz nimmst?«

Nick wurde rot. »Quatsch. Ich kenne sie doch gar nicht. Ich finde nur, dass wir professionell miteinander umgehen sollten. Schließlich werden wir in den nächsten Tagen eng zusammenarbeiten.«

»Hört, hört.« Sie seufzte.

In diesem Moment klopfte es an der Tür.

KAPITEL 9

»Herein«, rief Nick.

Die Tür öffnete sich, und Jack streckte den Kopf ins Zimmer. »Hi. Habt ihr 'ne Minute?«

Nick und Carol sahen sich fragend an. »Äh, ja. Worum geht's?«, fragte Nick.

»Irgendwie hatten wir einen total beschissenen Start. Wie wäre es, wenn wir noch mal von vorn anfangen?«

»Eine sehr gute Idee«, sagte Nick sofort. »Sollen wir uns irgendwo treffen?«

»Nicht nötig. Wir sind alle da.« Jack betrat das Zimmer, dicht gefolgt von Miles und Becca. Miles fackelte nicht lange und quetschte sich mit einem »Platz ist in der kleinsten Hütte« neben Carol und Nick aufs Bett. Becca machte es sich auf dem Stuhl bequem, Jack lehnte sich lässig an die Wand.

»Gut, dass der MI6 schon in Lhasa ist. Die hätten hier nämlich nicht mehr reingepasst«, witzelte Miles, zog seine Lakritztüte hervor und schaute fragend in die Runde. »Immer noch keiner?« Die anderen schüttelten den Kopf.

»Tut mir leid wegen vorhin«, begann Becca. »Mir ist das irgendwie so rausgerutscht. Ich war nur etwas überrascht, dass Neulinge für diese Mission ausgewählt wurden.«

»Wie ich schon sagte: Unser Boss wird sich was dabei gedacht haben«, erwiderte Carol.

Nick warf ihr einen warnenden Blick zu und formte das Wort »professionell« mit den Lippen. »Außerdem haben wir durchaus Erfahrung«, sagte er dann laut. »Nur waren die Einsätze nicht ganz offiziell.«

Becca grinste. »Verstehe. Was haltet ihr von der ganzen Geschichte?«

»Eine ganz schön große Sache«, erwiderte Carol. »Immerhin hat die gesamte Staatengemeinschaft ein Interesse daran, dass der Junge wohlbehalten in Lhasa ankommt.«

»Ist das nicht unglaublich?«, fragte Nick. »Ein Staatsoberhaupt, das jünger ist als wir!«

»Falsch«, berichtete ihn Becca. »Religionsoberhaupt, nicht Staatsoberhaupt.«

»Finde ich fast noch unglaublicher. Die sind in meiner Vorstellung immer alt und weise, mit 'nem langen grauen Bart und so.«

»Also ich weiß ja nicht«, sagte Becca. »Vor ein paar Monaten ist dem Mossad eine international gesuchte Schmugglerbande ins Netz gegangen. Und bei meinem letzten Auftrag habe ich ein paar wirklich üble Typen einmal quer durch den Nahen Osten gejagt. Jetzt hingegen agieren wir als eine Handvoll überqualifizierter Personenschützer. Händchen halten bei 'nem Dreizehnjährigen – klingt für mich nach keiner großen Herausforderung.«

»Wenn es keine konkrete Bedrohung für den Jungen gäbe, hätte sich die Staatengemeinschaft wohl kaum die Mühe gemacht, eine internationale Gruppe von Geheimagenten zusammenzustellen«, entgegnete Carol. »Meines Wissens haben so viele große Organisationen noch nicht oft derart eng zusammengearbeitet.«

»Und warum schicken sie ausgerechnet uns?«

»Ganz einfach – weil wir die Besten sind«, erwiderte Nick grinsend.

»Und weil wir die perfekte Tarnung liefern«, ergänzte Carol. »Zwischen uns wirkt Trijang wie ein ganz normaler Gleichaltriger. Für Außenstehende werden wir wie eine Gruppe Jugendlicher wirken. Pfadfinder auf Exkursion oder so.«

»Apropos Bedrohung«, sagte Jack. »Aadarsh hat mir vorhin ein Dossier über den COSA gegeben.«

Er zog einen zusammengerollten Schnellhefter aus der Gesäßtasche und warf ihn aufs Bett. Auf dem Deckblatt stand neben einer großen Abbildung der tibetischen Flagge: *COSA – Communist State of Asia.* Schräg daneben war ein *Streng vertraulich* gestempelt worden.

Nick nahm den Schnellhefter und wollte durch die Seiten blättern. Doch dann blieb sein Blick an der tibetischen Flagge auf dem Deckblatt hängen. Irgendetwas klingelte bei ihm …

Carol, die ebenfalls das Deckblatt betrachtete, sog plötzlich heftig die Luft ein. »Ich werd verrückt! Die Tätowierung!«

Aber natürlich! Auf der tibetischen Flagge war ein schneebedeckter Berg dargestellt, über dem die Sonne aufging. Die blauen und roten Strahlen der Sonne füllten den gesamten Hintergrund der Flagge aus. Im Vordergrund waren noch zwei Schneelöwen und einige andere Symbole zu sehen, aber wenn man sie sich wegdachte, entsprach der Rest exakt der Tätowierung, die die beiden Männer am Flughafen auf dem Arm gehabt hatten: ein Dreieck mit einem Kreis darüber, der von den Strahlen der Sonne umgeben war.

»Ich fass es nicht. Du hast recht!«, sagte er zu Carol. »Sieht ganz so aus, als wären wir zwei Mitgliedern der Terrororganisation bereits über den Weg gelaufen.«

»Die Männer vom Flughafen?«, fragte Becca.

»Genau die«, erwiderte Nick.

»Wärt ihr vielleicht so freundlich und würdet uns in eure Erkenntnisse einweihen?«, fragte Miles.

Nick berichtete von dem Vorfall am Flughafen, ließ aber Einzelheiten darüber, wie er Carol vor der Kugel bewahrt und die beiden Angreifer mit Löschschaum überzogen hatte, aus. »Sie hatten eindeutig vor, uns umzubringen. Jemand muss über unseren Auftrag Bescheid gewusst haben. Und er muss gewusst haben, dass wir zu dieser Zeit in Muscat umsteigen würden.«

»Aber wer? Die Einzigen, die über unsere Reiseverbindung Bescheid wussten, waren Direktor Faber und unsere neue Schulsekretärin, die den Flug gebucht hat«, sagte Carol. »Und ich glaube kaum, dass einer von den beiden Verbindungen zu einer Terrororganisation pflegt.«

»Dipesh und Aadarsh kannten eure Reiseroute ebenfalls«, fügte Becca hinzu. »Aber das halte ich für ebenso unwahrscheinlich. Sie hätten dem Dalai Lama oder euch deutlich einfacher schaden können, wenn sie gewollt hätten.«

»Warum sind eigentlich nur wir angegriffen worden? Ihr seid alle unbehelligt geblieben, oder?«, fragte Carol.

»Ja, bei mir ist nichts vorgefallen«, antwortete Becca. »Allerdings bin ich erst in letzter Sekunde mit der Mission betraut worden. Eigentlich sollte ein Kollege von mir hierherkommen, der hat sich aber kurz vor Aufbruch irgendeinen Virus eingefangen.«

»Aha. Und wir haben spontan einen anderen Flug genommen, weil unsere ursprüngliche Verbindung ausgefallen ist«, sagte Jack.

»Es hätte also durchaus sein können, dass auf euch ebenfalls Leute angesetzt waren«, sagte Nick. »Wenn sie wirklich über unseren Auftrag Bescheid wissen, dann wollten sie uns vielleicht aus dem Weg räumen, bevor wir alle zusammentreffen. Denn nun wird es umso schwerer für sie, an den Dalai Lama heranzukommen.«

»So viel zum Thema überqualifizierte Personenschützer«, sagte Carol an Becca gewandt.

»Jep«, erwiderte die. »Das wirft in der Tat ein ganz neues Licht auf die Sache.«

Sie überlegten eine Weile, woher die Männer ihre Informationen erhalten haben könnten. Doch irgendwann konnte Carol nur noch mühsam ein Gähnen unterdrücken.

»Leute, seid mir nicht böse, aber ich bin hundemüde«, sagte sie. »War ein anstrengender Tag heute.«

»Und morgen müssen wir früh raus«, ergänzte Jack. »Also, Aufbruch, Kumpel. Damit die Lady ihren Schlaf bekommt.«

»Nenn mich nicht Kumpel«, erwiderte Miles, während er sich aufrappelte und Jack aus dem Zimmer folgte.

»Und mich nicht Lady«, rief Carol hinter ihm her.

Becca erhob sich ebenfalls. »Bis morgen«, verabschiedete sie sich.

»Schlaf gut«, sagte Nick.

»Danke, du auch«, antwortete sie und schenkte ihm im Hinausgehen ein breites Lächeln, das Nick ebenso breit erwiderte.

Carol verdrehte die Augen, woraufhin Nick ihr einen warnenden Blick zuwarf. »Was denn? Ich bin nur höflich.«

»Schon klar«, sagte Carol und grinste. »Also dann, bis morgen.«

Nachdem alle gegangen waren, ließ Nick sich erschöpft aufs Bett fallen. Er fragte sich, was ihn in den nächsten Tagen erwarten würde: ein Roadtrip durch das tibetische Hochland? Oder ein Katz-und-Maus-Spiel mit Terroristen?

Nicks Finger schlossen sich um das Medaillon, das er an einem Lederriemen um den Hals trug und in dem sich ein Foto seiner Mutter befand. Sein erster offizieller Auftrag würde ihn ausgerechnet in die Heimat seiner Mutter führen. Er dachte noch, welch kurioser Zufall das war, bevor ihm die Augen zufielen und er in einen tiefen, traumlosen Schlaf sank.

KAPITEL 10

Am nächsten Morgen wurde Nick von einem gleichmäßigen, sanften Trommeln geweckt. Er öffnete die Augen. Graues Licht fiel durch das schmale Fenster und hüllte das Zimmer in dämmriges Halbdunkel. Nick stand auf und sah hinaus. Regen prasselte aus einem wolkenverhangenen Himmel auf die Klostermauern, in den umliegenden Bergen hing Nebel.

Nick fühlte sich ausgeschlafen und erholt. Nach einer oberflächlichen Wäsche zog er sich an und machte sich auf den Weg zum Speisesaal.

»Guten Morgen«, begrüßte ihn Carol, die zusammen mit Becca und Jack an einem Tisch saß. »Gut geschlafen?«

»Bestens, danke«, erwiderte Nick und ignorierte ihr amüsiertes Lächeln.

Aus einer Tür wuselte ein Mönch mit einer Schüssel Porridge heran und bedeutete Nick, sich zu setzen. Dann stellte er die Schüssel vor ihm ab, verbeugte sich und verschwand so schnell wieder, wie er gekommen war. Nick probierte den noch heißen Porridge, der unerwartet süß und ausgesprochen lecker schmeckte.

In diesem Moment betrat Miles den Saal, mit verstrubbelten Haaren und zerknittertem T-Shirt. »Morgen, Leute. Puh, ist das ein Irrgarten, ich hab mich auf dem Weg hierher mindestens drei Mal verlaufen. Das erste Mal bin ich glatt im Kreis gegangen – das habe ich aber erst gemerkt, als ich plötzlich wieder vor meiner Zimmertür stand.« Er grinste. »Und, was serviert ein in Vergessenheit geratenes Kloster seinen Gästen so zum Frühstück?«

Nick lächelte. Er mochte Miles. Überhaupt schienen sie – mal von den kleinen Startschwierigkeiten abgesehen – eine ganz nette Truppe abzugeben.

Nachdem Miles und Nick aufgegessen hatten, öffnete sich die Tür erneut. Dieses Mal betrat nicht der Mönch, sondern Aadarsh den Raum. »Guten Morgen«, begrüßte er die Jugendlichen. »Ich hoffe, ihr habt gut geschlafen.«

Sie nickten. »Wie ein Baby in den Armen seiner Mutter«, erwiderte Miles, was die anderen zum Grinsen brachte.

»Das freut mich zu hören«, sagte Aadarsh vollkommen ernst. »Wir haben nicht oft Gäste, aber sie berichten alle von einem erholsamen Schlaf.« Er setzte sich zu ihnen. »Ihr habt heute noch eine anstrengende Fahrt vor euch, deswegen sollten wir die Einzelheiten eures Auftrags besprechen, damit ihr bald aufbrechen könnt.« Er lehnte sich auf seinem Stuhl zurück. »Die Grenze zwischen Nepal und Tibet verläuft durch das Hochgebirge. Aus diesem Grund gibt es nur wenige Grenzübergänge, die zudem sehr gut bewacht sind. Der nächstgelegene Übergang befindet sich zwischen den Dörfern Kodari in Nepal und Zhangmu in Tibet. Er ist vor einigen Jahren geschlossen worden, weil nach einem Erdbeben der Hang abzustürzen drohte und dabei ganz Zhangmu mit sich gerissen hätte. Die beiden Dörfer sind verlassen. Soweit ich weiß, leben auf nepalesischer Seite noch einige Einwohner, aber das tibetische Dorf wurde vollständig evakuiert.«

»Eine echte Geisterstadt?«, fragte Miles. »Cool. Wollte ich immer schon mal sehen.«

»Der Grenzübergang führt über eine hohe Brücke«, fuhr Aadarsh fort, ohne auf Miles' Einwurf einzugehen. »Sie ist die einzige Möglichkeit, über den Fluss zu gelangen, der Nepal und Tibet an dieser Stelle trennt. Sie wird natürlich bewacht, aber nur von einer Handvoll Soldaten. Sie ist eure vielversprechendste Chance, unentdeckt nach Tibet zu kommen. Wie genau ihr das macht, überlasse ich euch und euren Fähigkeiten.«

Nick warf Carol einen Blick zu. Eine Brücke, nur wenige Wachen – das klang machbar. Auch die anderen wirkten nicht sonderlich beeindruckt.

»Dipesh fährt euch bis nach Kodari. Auf tibetischer Seite bekommt ihr einen neuen Fahrer, der euch bis nach Lhasa bringt. Der Treffpunkt befindet sich in Zhangmu. Wartet in dem blauen Haus neben dem Supermarkt. Der Mann, der euch dort abholt, heißt Gyanzen.«

»Und Sie sind sicher, dass wir ihm vertrauen können?«, fragte Jack.

»Zu einhundert Prozent. Gyanzen war Teil der Delegation, die Trijang vor zehn Jahren heimlich aus Tibet schmuggelte und zu uns ins Kloster brachte. Ich hatte schon damals vollstes Vertrauen zu ihm, und ich habe es noch immer.«

»Eine Sache verstehe ich nicht«, warf Becca ein. »Wir reisen doch mit falschen Ausweisen. Ist es nicht viel riskanter, die Grenze heimlich zu überqueren und dabei Gefahr zu laufen, den Soldaten in die Hände zu fallen, als einfach ganz offiziell an einem geöffneten Grenzübergang nach Tibet einzureisen?«

»Im Prinzip schon«, erwiderte Aadarsh. »Würde es sich um irgendein anderes Land handeln, würde ich dir recht geben. Aber die Einreisebestimmungen nach Tibet sind extrem streng. Es ist unter normalen Umständen schon schwierig, ein Visum für das Land zu bekommen. Und so kurz vor der Inthronisierung des Dalai Lama wurden die Bestimmungen noch einmal verschärft. Die Chinesen lassen keine Ausländer ins Land, auch die nicht, die bereits ein Visum erhalten haben. Unter euren gefälschten Ausweisen befindet sich zwar eine Sondergenehmigung, aber an einem Grenzübergang werdet ihr damit eine Menge Aufmerksamkeit erregen. Und genau die gilt es zu vermeiden. Somit bleibt euch nichts anderes übrig, als ›inoffiziell‹ einzureisen.«

»Und falls wir unterwegs kontrolliert werden?«, fragte Nick. »Soweit ich weiß, gibt es überall im Land Checkpoints, an denen man sich ausweisen muss.«

»Das stimmt. Für diesen Fall habt ihr die gefälschten Papiere dabei. Die Kontrolle an einem Checkpoint ist bei Weitem nicht so streng wie an der Grenze. Trotzdem solltet ihr Kontrollen jeglicher Art vermeiden. Gyanzen wird größtenteils über Nebenstraßen nach Lhasa fahren. Er weiß, wo sich die Checkpoints befinden, und hat eine Route ausgearbeitet, mit der ihr sie umgehen könnt.«

»Und wenn wir Lhasa erreicht haben?«, fragte Carol. »Wird Trijang bis zur Inthronisierung weiterhin versteckt gehalten?«

»So ist es«, bestätigte Aadarsh. »Die Krönung wird im Potala-Palast stattfinden, in dem auch schon der 14. Dalai Lama residierte. Der Palast wurde in den letzten Jahren als Museum genutzt. Momentan wird daran gearbeitet, ihn zumindest in Teilen wieder zu einem Regierungssitz umzubauen. Bis zur Inthronisierung wohnt Trijang daher in einem kleinen Kloster am Stadtrand von Lhasa. Zwei Agenten des MI6 befinden sich bereits undercover vor Ort. Sie werden sich mit euch in Verbindung setzen, sobald ihr in Lhasa ankommt.«

In diesem Moment betrat Dipesh den Raum. »Es ist alles bereit, ehrenwerter Abt«, sagte der junge Mönch.

»Sehr schön«, erwiderte Aadarsh und erhob sich. »Dipesh wird euch eure Ausrüstung aushändigen. Danach solltet ihr euch auf den Weg machen. Der Grenzübergang ist zwar nur knapp einhundert Kilometer entfernt, aber die Straßen dorthin sind unwegsam und die Fahrt wird eine Weile dauern.«

»Also los, Leute. Packen wir's an«, sagte Jack, klatschte in die Hände und stand auf. Auch die anderen erhoben sich.

»Eine Sache noch«, fügte Aadarsh hinzu. »Trijang mag wie ein ganz normaler Junge wirken, aber in Wahrheit ist er der bedeutendste buddhistische Würdenträger der letzten Jahrzehnte. Bitte verhaltet euch ihm gegenüber entsprechend und bringt ihm das gebührende Maß an Respekt entgegen. Von ihm hängt das Schicksal ganz Tibets ab. Beschützt ihn mit eurem Leben – so wie wir es in den vergangenen Jahren getan haben!

Ich wünsche euch viel Erfolg. Mögen euch Frieden und Glück auf eurem Weg begleiten.« Mit den letzten Worten verneigte sich der Abt vor ihnen. Dann richtete er sich wieder auf und schritt würdevoll zur Tür. Kurz bevor er sie erreicht hatte, wandte er sich noch einmal um und warf ihnen einen Blick zu, den sie nicht zu deuten vermochten. Dann nickte er, trat durch die Tür und ließ die fünf Agenten mit dem Gefühl zurück, dass weit mehr auf dem Spiel stand als das Schicksal Tibets.

KAPITEL 11

Dipesh führte sie in einen Raum, in dem sechs große, wasserdichte Rucksäcke bereitlagen. Darin befanden sich neben einem Erste-Hilfe-Set, Landkarten, Proviant, Seilen und einem Klettersteigset auch eine hochmoderne Survival-Ausrüstung mit Notfallzelten, ultradünnen Schlafsäcken und Rettungsdecken – »Falls etwas geht schief«, wie Dipesh erklärte. Nick stellte überrascht fest, dass für Trijang ebenfalls ein Rucksack bereitlag. »Sonst er fällt zu sehr auf«, sagte der junge Mönch. »Aber Rucksack ist nicht so voll wie bei euch«, fügte er mit einem Zwinkern hinzu. Sie gingen noch einmal in ihre Zimmer zurück, um ihr eigenes Gepäck zu holen und in den Rucksäcken zu verstauen. Dann folgten sie Dipesh zum Ausgang des Klosters.

Tief hängende Wolken hatten sich in den Bergen festgesetzt, aber es regnete nicht mehr. Der Regen hatte ein wenig Abkühlung gebracht, und in der Luft hing der Geruch nach feuchter Erde.

Auf dem Vorplatz erwartete sie eine Überraschung. Die Mönche hatten sich in einem Halbkreis gegenüber dem Eingang aufgestellt. In der Hand hielten sie die Stöcke, die sie wie Speere senkrecht auf den Boden gestellt hatten. Dipesh bemerkte die erstaunten Blicke der Jugendlichen. »Sie wollen verabschieden sich von Jang«, erklärte er mit unüberhörbarer Wehmut in der Stimme. »Er war wie kleiner Bruder für uns. Es tut weh, ihn ziehen zu lassen. Er wird fehlen uns.«

Sie gingen an den Mönchen vorbei und steuerten auf einen ziemlich ramponiert aussehenden Kleinbus zu, der gestern noch nicht dort gestanden hatte. Nick war erleichtert. Zu sechst hätten sie nämlich beim besten Willen nicht in den Pick-up gepasst.

In diesem Augenblick traten Aadarsh und Trijang aus dem Kloster. Die Mönche begannen, die Stöcke in einem gleichmäßigen Rhythmus auf den Boden zu stoßen. Das laute Klopfen entwickelte einen eigenartig hypnotischen Reiz, wirkte aber keinesfalls bedrohlich auf Nick. Trijang blieb vor den Mönchen stehen und betrachtete sie lange. Auch auf seinem Gesicht meinte Nick, Trauer zu erkennen. Schließlich wandte er sich zu Aadarsh um. Der Abt legte ihm in einer überraschend vertrauten Geste die Hand auf die Schulter. Nick glaubte schon, er hätte Trijang in eine Umarmung gezogen, doch schließlich trat der Abt einen Schritt zurück und verneigte sich vor dem Jungen. Trijang tat es ihm gleich. Sie sahen sich noch einmal an, nickten sich zu, dann drehte sich Trijang mit einer entschlossenen Geste um und kam auf Dipesh und die Agenten zu. Das Klopfen der Stöcke wurde nun stetig schneller.

Auf Nick wirkte die ganze Szene – das aus dem Fels gehauene Kloster, die Mönche in ihren roten Kutten, das rhythmische, beinahe hypnotische Klopfen der Stöcke –

seltsam unwirklich, vor allem, da Trijang seine Mönchskleidung gegen eine Funktionsjacke, eine Outdoorhose und Wanderschuhe getauscht hatte. Doch obwohl er nun aussah wie ein ganz normaler dreizehnjähriger Junge, konnte Nick nicht abstreiten, dass er eine außergewöhnliche Ausstrahlung besaß.

Als Trijang bei ihnen angekommen war, verbeugte er sich abermals. Die fünf Agenten erwiderten die Geste etwas unbeholfen, was Trijang mit einem Lächeln registrierte. »Bitte entschuldigt«, sagte er. »Ich hätte euch die Hand geben sollen, wie es in eurem Kulturkreis üblich ist. Aber vielleicht warten wir damit besser, bis Aadarsh uns nicht mehr sieht«, fügte er mit einem Zwinkern hinzu. »Sonst wirft er euch hinterher noch vor, mir nicht die gebührende Ehrerbietung entgegengebracht zu haben.«

Nick und die anderen tauschten verstohlene Blicke. So viel also zum Thema *mit Respekt behandeln*.

Miles hatte seine Überraschung offenbar als Erster überwunden. »Dann sorgen wir wohl besser dafür, dass wir schnell außer Sichtweite kommen, eure Heiligkeit«, sagte er und deutete auf den Bus. »Bitte nach Ihnen.«

Nachdem sie das Gepäck verstaut und auf den beiden Sitzbänken Platz genommen hatten, startete Dipesh den Motor und lenkte den Bus vom Vorplatz auf die abenteuerlich schmale Straße, die sich in engen Kurven am Hang entlangschlängelte. Das rhythmische Klopfen der Stöcke begleitete sie auf den ersten Metern, wurde aber nach jeder Biegung leiser, bis es schließlich endgültig verstummte.

Trijang, der dem Klopfen nachgehorcht hatte, wandte sich ihnen zu und streckte Carol, die neben ihm saß, die Hand hin. »Hi, mein Name ist Jang. Du bist Carol, oder?«

»Stimmt«, sagte Carol verblüfft. »Woher weißt du das?«

»Der Abt hat mir gestern Abend ein bisschen von euch erzählt.«

»Na, wenn das so ist: Schön, dich kennenzulernen«, sagte Carol und ergriff lächelnd die ausgestreckte Hand. »Aadarsh sagte uns, dein Name wäre Trijang«, fügte sie hinzu.

»Das stimmt auch, aber die meisten Mönche haben mich Jang genannt, wenn der Abt nicht in der Nähe war. Ich würde mich freuen, wenn ihr das ebenso tun würdet.«

Sie stellten sich reihum vor, wobei dies kaum noch nötig zu sein schien. Offenbar hatte Aadarsh die fünf Agenten so gut beschrieben, dass es Jang nicht schwerfiel, die entsprechenden Namen zuzuordnen.

Sie fuhren die gleiche Strecke zurück, die sie am Vortag genommen hatten, wobei Nick davon ausging, dass es ohnehin nur diese eine Straße zum Kloster gab. Auch mit dem Kleinbus waren sie den schlechten Straßenverhältnissen hilflos ausgeliefert, nur waren hier die Sitzbänke derart gut gefedert, dass sie bei jedem Schlagloch aufpassen mussten, sich nicht den Kopf an der Decke zu stoßen. Im Tal bog Dipesh auf eine Landstraße ab, die ein wenig besser erhalten war. Ihr Ziel befand sich in den Bergen nördlich von Kathmandu. In einem schmalen Tal dieser Gebirgskette lag das nepalesische Grenzdorf Kodari. Die Fahrt dorthin würde etwa vier Stunden dauern.

Während der Fahrt unterhielten sie sich angeregt miteinander – oder vielmehr war es Jang, der ununterbrochen Fragen stellte. Er schien alles über sie wissen zu wollen, und dabei ging es ihm gar nicht so sehr um ihr Leben als Agenten, sondern um ganz allgemeine Dinge: Hobbys, Lieblingsessen, Lieblingsfilme, was sie in ihrer Freizeit mit Freunden unternahmen oder auf welchen Seiten sie im Internet surften. Er kannte das Leben der westlichen Welt aus Büchern und Dokumentationen, die der Abt ihn von Zeit zu Zeit sehen ließ, wollte aber nun aus erster Hand erfahren, wie es sich damit verhielt. Erst jetzt wurde Nick bewusst, was es bedeutete, in absoluter Abgeschiedenheit aufzuwachsen. Er hatte – zumindest bis zu seinem dreizehnten Geburtstag – in einer Familie gelebt, war zur Schule gegangen, hatte Freunde gehabt und war ganz selbstverständlich mit Handy, Computer, Fernsehen und anderen digitalen Geräten aufgewachsen. In Jangs Leben spielten all diese Dinge keine nennenswerte Rolle. Die Mönche hatten ihm Freunde und Familie ersetzt, und bei der zurückgezogenen und einfachen Lebensweise, die in dem Kloster praktiziert wurde, verloren Smartphone und Co. jegliche Bedeutung.

Sie hatten schon vor einiger Zeit das Gebirge erreicht. Seitdem ging es beständig bergauf, erst am Rande eines Abhangs, dann an einem Fluss entlang, der sich eine tiefe Schlucht in den Berg gegraben hatte. Die Straßenverhältnisse wurden wieder zunehmend schlechter. Der Regen hatte die Straße aufgeschwemmt und erschreckend tiefe Schlaglöcher mit dem Durchmesser eines Kinderplanschbeckens erschwerten das Vorankommen erheblich. Die Bäume wuchsen immer spärlicher, und die tropenähnliche Umgebung wurde nach und nach von einer Hochgebirgslandschaft abgelöst. Der Verkehr hatte stetig abgenommen, je weiter sie in die Berge vordrangen. Seit etwa einer halben Stunde war ihnen überhaupt niemand mehr begegnet.

Als ein Straßenschild ankündigte, dass Kodari nur noch wenige Kilometer entfernt war, atmete Nick erleichtert auf. Wie erwartet hatten sie sich alle den Kopf mehrfach schmerzhaft am Autodach gestoßen. Ein paarmal waren sie bei einem von Dipeshs spontanen Schlagloch-Ausweich-Manövern sogar gegeneinandergeschleudert worden. Von schlechten Straßen hatte er mittlerweile gehörig die Nase voll. Hoffentlich sah das auf tibetischer Seite anders aus.

Bald tauchten die ersten Häuser des Dorfes am Straßenrand auf, die allesamt verlassen wirkten. Schilder wiesen darauf hin, dass die Grenze geschlossen war, doch nirgendwo stand etwas davon, dass man nicht weiterfahren durfte. Trotzdem lenkte Dipesh den Bus in eine schmale Seitenbucht und stellte den Motor ab.

»Ich soll bringen euch nur bis vor Kodari. Damit Wachen an Brücke euch nicht sehen. Den Rest ihr müsst zu Fuß gehen. Es ist nicht weit. Folgt einfach Straße.«

Dipesh erntete zustimmendes Gemurmel. Auch die anderen schienen erleichtert zu sein, dass sie die holprige Fahrt überstanden hatten. Sie stiegen aus und streckten sich. Dann holten sie die Rucksäcke aus dem Kofferraum und schulterten sie. Der Himmel hatte ein wenig aufgeklart, es war nicht mehr so schwülwarm wie in der Umgebung Kathmandus. Das würde ihre weitere Reise um einiges angenehmer gestalten.

Sie dankten Dipesh und verabschiedeten sich von ihm. Als Letzter trat Jang vor den jungen Mönch. Im Gegensatz zu Aadarsh zögerte Dipesh nicht und zog den Jungen in seine Arme. Er sagte etwas zu ihm, was zu leise war, um es zu verstehen, und was sicherlich auch nicht für ihre Ohren bestimmt war. Dann löste Dipesh die Umarmung, trat einen Schritt zurück und verneigte sich vor Jang, was der Junge mit einem wehmütigen Blick geschehen ließ. Als der Mönch sich wieder aufrichtete, erkannte Nick, dass er Tränen in den Augen hatte.

Dipesh schien diese Gefühlsäußerung unangenehm zu sein, denn ohne sich noch einmal umzudrehen stieg er ins Auto, startete den Motor, wendete und fuhr davon. Sie sahen ihm nach, bis er hinter einer Kurve verschwunden war.

Nick trat zu Jang und legte ihm eine Hand auf den Arm. »Bist du bereit?«, fragte er.

Jang sah auf, und sein wehmütiger Ausdruck wich einem entschlossenen Lächeln. »Gehen wir los.«

KAPITEL 12

Sie folgten der Straße einen halben Kilometer bergauf, bis sich das Tal ein wenig weitete und einer Handvoll alter, einfacher Hütten am Straßenrand Platz machte. Die Straße schlängelte sich zwischen den Gebäuden hindurch und mündete schließlich in einer Brücke, die über den Fluss führte. Verblüfft erfasste Nick, dass es sich bei der Ansammlung von Hütten um das gesamte Dorf und bei der Brücke um die Grenze nach Tibet handeln musste. Irgendwie hatte er sich das Ganze etwas spektakulärer und vor allem weniger trostlos vorgestellt.

Die meisten Hütten zeigten bereits deutliche Anzeichen von Verfall. Die Enge des Tals wirkte bedrückend, und über dem Ort hing eine düstere, traurige Stimmung. Irgendwo in der Ferne bellte ein Hund. Ansonsten schien das Dorf vollkommen ausgestorben zu sein.

Obwohl weit und breit keine Menschenseele zu sehen war, verließen sie die Straße und suchten sich einen Weg zwischen den Hütten hindurch. Schließlich konnten sie nicht wissen, ob die Grenzsoldaten auch die Zufahrtsstraße kontrollierten. Es wäre sicherlich keine gute Idee, einfach mitten durch das Dorf zu laufen. Abseits der Straße aber kamen sie nur noch beschwerlich voran – der Boden bestand aus einer Mischung aus Schlamm und Felsen, und überall bewiesen wuchernde Büsche und Schlingpflanzen, dass die Natur sich ihr Terrain langsam, aber sicher zurückeroberte.

»Hat Aadarsh nicht erwähnt, dass hier noch Leute leben?«, fragte Becca nach einer Weile.

»Er war sich nicht sicher, aber er vermutete es«, erwiderte Nick. Ihm fiel auf, dass sie unwillkürlich geflüstert hatten. Trotzdem klangen ihre Stimmen in der Stille zwischen den Hütten merkwürdig fremd und laut.

»Ganz ehrlich – in dieses Loch würden mich keine zehn Pferde kriegen«, wisperte Miles. »Was wollen die denn noch hier?«

»Vielleicht hoffen sie darauf, dass die Grenze irgendwann wieder geöffnet wird. Dann ist der Grenzhandel mit China sicherlich ein profitables Geschäft«, gab Jack zu bedenken.

»Erstaunlich, dass wir hier so einfach reinmarschieren können. Ich hätte gedacht, dass der Ort viel stärker bewacht wird«, sagte Miles.

»Es ist ja nicht der Ort verboten, sondern die Grenze«, erwiderte Carol, was ihr ein Augenrollen und ein leises »Ha, ha« von Miles einbrachte.

Sie gingen zwischen den Gebäuden hindurch Richtung Fluss, der sich als reißendes Gewässer entpuppte, das wild schäumend gen Tal schoss. Das Flussbett lag ein ganzes Stück unterhalb des Straßenniveaus, das Ufer fiel steil bergab.

Becca deutete nach links Richtung Brücke. »Da müssen wir rüber. Wie auch immer wir das bewerkstelligen sollen.«

Nick trat neben sie und folgte ihrem Blick. Das Bauwerk spannte sich in beeindruckender Höhe über den Fluss und war um einiges größer, als es das ärmliche Grenzdorf vermuten ließ. Auf der anderen Flussseite befand sich ein Torbogen, dahinter mehrstöckige Gebäude aus weißem Stein. Dem Aussehen nach handelte es sich um ehemalige chinesische Verwaltungsgebäude.

»Weiß jemand Genaueres über die Brücke? Breite, Länge, wie viele Wachen und so weiter?«, fragte Jack.

Nick wusste es nicht, aber er kannte jemanden, der ihm diese Informationen in Sekundenschnelle beschaffen konnte. »Bruno?«, fragte er leise.

»›Brücke der sino-nepalesischen Freundschaft‹. Baujahr: 1964. Länge: 45 Meter. Breite: 8 Meter. Konstruktion: Bogenbrücke mit oben liegender Fahrbahn«, ratterte Bruno herunter. »Seit zwei Jahren stillgelegt. Absperrung durch Stahlgitter. Bewachung durch je zwei Grenzsoldaten auf beiden Seiten.«

»Wer zum Teufel ist Bruno?«, fragte Miles.

Nick fiel auf, dass sie mit den anderen noch gar nicht über ihre CBPIs oder ihre speziellen Fähigkeiten gesprochen hatten. Aber das musste warten. »Mein persönliches Interface«, erwiderte er daher nur. »Und er sagt, dass die Brücke 45 Meter lang ist, mit Stahlgittern versperrt wurde und von je zwei Soldaten bewacht wird.«

»Das klingt übel«, sagte Jack.

»Sorry, aber ich muss da noch mal drauf zurückkommen«, hakte Miles nach. »Du hast ein persönliches Interface?«

Nick hielt den Arm mit dem silbernen Armband hoch und nickte.

»Cool. Also hat Carol auch eins. Hatte mich schon gefragt, ob ihr euch Freundschaftsbänder habt machen lassen. Aber warum zum Henker heißt das Ding Bruno?«

»Das ist eine lange Geschichte«, erwiderte Nick.

»Was hat er denn gegen meinen Namen?«, quakte Bruno in sein Ohr.

»Leute, können wir die Diskussion über die Namen von Armbändern vielleicht auf später verschieben und uns erst mal darauf konzentrieren, wie wir über die Brücke kommen?«, unterbrach Jack sie leicht genervt.

»Was sagt denn dein kleiner Freund über die Gebäude auf der anderen Seite?«, fragte Miles. »Sind die noch besetzt? Und sollte da nicht auch ein Dorf sein?«

»Solange ich nicht weiß, was er gegen meinen Namen hat, sage ich gar nichts mehr«, erwiderte Bruno eingeschnappt.

Nick verdrehte die Augen. »Komm schon, Bruno. Ich bin sicher, er hat's nicht so gemeint.«

»Was habe ich nicht so gemeint?«, fragte Miles.

»Das mit dem Namen«, sagte Nick und fügte hinzu: »Bruno ist ziemlich schnell beleidigt.«

»Oha. Bruno, Kumpel, tut mir leid. Dein Name ist einfach etwas … speziell.«

»Ernsthaft, Leute. Wir haben hier einen Auftrag zu erledigen«, wiederholte Jack in einem deutlich schärferen Tonfall.

»Die Verwaltungsgebäude stehen seit der Schließung der Grenze leer«, sagte Carol, die in der Zwischenzeit offenbar

Trinity befragt hatte. »Und das Dorf Zhangmu beginnt erst einige Kilometer hinter der Grenze.«

»Kann Trinity die Gebäude von hier aus scannen?«, fragte Nick. »Damit wir sicher sein können, wie viele Personen tatsächlich auf der anderen Seite sind?«

»Nein«, entgegnete Carol. »So weit reicht ihr Scanner leider nicht.«

»Dann müssen wir es wohl auf die altmodische Art machen«, sagte Becca, nahm ihren Rucksack ab und zog ein Fernglas hervor. Nick grinste. Gar keine *so* schlechte Idee, wie er zugeben musste, und kramte genau wie die anderen sein Fernglas heraus. Selbst Jang hatte eines im Gepäck.

»Ich sehe die Stahlgitter«, sagte Carol. »Es sind zwar schmale Tore darin, aber die sind garantiert verschlossen. Ohne Schlüssel werden wir da kaum eine Chance haben.«

»Die Wachen haben bestimmt einen Schlüssel. Wir könnten ihn uns besorgen«, sagte Miles.

»Sicher, aber erstens brauchen wir dann auch einen Schlüssel für das Tor auf der anderen Seite, und zweitens würden wir mit dieser Aktion ziemlich viel Aufsehen erregen«, gab Becca zu bedenken. »Und genau das sollten wir vermeiden. Wenn die Soldaten Verstärkung anfordern, haben wir in der Gegend hier praktisch keine Möglichkeit, ihnen zu entkommen.«

Becca hatte recht. Das Tal war so schmal und die angrenzenden Hänge derart steil, dass es außer auf den Zufahrtsstraßen und in den Gebäuden keinerlei Gelegenheit gab, sich zu verstecken oder gar zu fliehen. Sie mussten also eine Möglichkeit finden, auf die andere Flussseite zu kommen, ohne dass die Wachen auf sie aufmerksam wurden.

In diesem Augenblick bewegte sich etwas an der Brücke. Nick sah wieder durch das Fernglas. Ein Wachposten war aus einem kleinen Häuschen getreten. Er verschwand hinter einer Ecke, kehrte kurz darauf mit einem großen Hund an einer Leine wieder und marschierte in die ihnen entgegengesetzte Richtung. Er machte einen entspannten Eindruck und schien ihre Anwesenheit nicht bemerkt zu haben. Wahrscheinlich war dies einfach die übliche Zeit, um mit dem Hund Gassi zu gehen.

»Verdammt, sie haben sogar einen Hund«, fluchte Miles. »Das erschwert die ganze Sache zusätzlich.«

»Okay … hat irgendjemand eine Idee, wie wir da rüberkommen, ohne dass die Wachen oder der Hund Wind davon bekommen?«, fragte Carol etwas resigniert.

»Hab ich«, erwiderte Jack, der sich im Gegensatz zu ihnen weniger auf die Brücke als auf die nähere Umgebung konzentriert hatte. »Wir gehen nicht über die Brücke.«

»Aha«, machte Carol. »Sondern?«

»Wir gehen durch den Fluss.«

KAPITEL 13

Nick starrte Jack fassungslos an. Auch die anderen sahen aus, als hätte sie der Schlag getroffen.

»*Da* willst du durch?«, fragte Becca und deutete auf den Fluss, der unter ihnen laut rauschend und mit ungeheurer Geschwindigkeit ins Tal floss. Das weiß schäumende Wasser brach sich immer wieder an großen Findlingen oder schoss sprudelnd über sie hinweg. Der Regen der vergangenen Nacht hatte den wilden Gebirgsfluss vermutlich noch mehr aufgewühlt. Nick zweifelte keine Sekunde daran, dass der Fluss alles erbarmungslos mit sich reißen würde, was einmal die Wasseroberfläche berührt hatte. Und er war sich nicht sicher, ob selbst ein Weltklasseschwimmer in der Lage wäre, den tosenden Fluten wieder zu entkommen. Mal ganz davon abgesehen, dass es ein Ding der Unmöglichkeit war, überhaupt bis zum Fluss hinunterzugelangen. Der Hang fiel fast senkrecht zum Ufer hin ab und war mit Geröll und Gestrüpp übersät. Die Agenten mochten ja vielleicht in der Lage dazu sein, aber Nick zweifelte, dass auch Jang den Abstieg heil überstehen würde.

Den Gesichtern der anderen nach zu urteilen gingen ihnen ähnliche Gedanken durch den Kopf.

»Das ist unmöglich, Jack. Außerdem sind wir dort unten vollkommen ungeschützt. Von der Brücke aus würden uns die Wachen sofort sehen«, wandte Carol ein.

»Nicht, wenn wir heute Nacht gehen«, entgegnete Jack.

»Du spinnst ja«, sagte Becca unwirsch. »Das funktioniert doch nie.«

Nick war zwar offen für verrückte Ideen, aber in diesem Fall musste er Becca recht geben.

Jack ließ nicht locker. »Ich habe mich auf dem Weg ins Dorf ein wenig umgesehen. Ein Stück weiter flussabwärts gibt es eine Stelle, an der das Ufer nicht ganz so steil ist. Außerdem liegt sie hinter einer Biegung, sodass sie von der Brücke aus nicht zu sehen ist.«

»Und wenn schon. Bleibt immer noch das Problem, dass wir keine Chance haben, durch diese reißenden Fluten hindurchzukommen«, entgegnete Becca immer noch ziemlich ungehalten.

»Lasst uns die Stelle wenigstens mal ansehen«, erwiderte Nick. »Dann können wir immer noch weiterdiskutieren. Es sei denn, jemand hat einen besseren Vorschlag.«

Widerwillig stimmten die anderen zu. Sie zogen sich wieder in den Schutz der Hütten zurück und gingen ein Stück flussabwärts. Hinter einer Biegung erreichten sie schließlich eine Stelle, an der der Hang ein wenig flacher zum Wasser hin abfiel. Die Böschung war mit größeren Steinen durchsetzt, in einigen Abständen wuchsen sogar ein paar karge Bäume, die einem beim Abstieg Halt geben konnten. Auch das Flussbett war hier etwas breiter als weiter flussaufwärts.

Nick schätzte die Entfernung von einem Ufer zum anderen auf etwa zwanzig Meter. Dadurch verteilte sich das Wasser besser und floss ein wenig ruhiger. Hier und da ragten sogar ein paar große Steine heraus.

»Also schön«, gestand Becca ein. »Zum Fluss könnten wir hier tatsächlich runterkommen. Und dann? Krempeln wir einfach die Hosenbeine hoch und waten auf die andere Seite? Sorry, aber falls du nicht irgendeinen Trick parat hast, wie wir uns in tonnenschwere Steinkolosse verwandeln, die sich mühelos gegen die Kraft des Wassers stemmen können, dann sehe ich schwarz.«

»Sehe ich genauso«, stimmte Nick ihr zu. »Zum Fluss schaffen wir es irgendwie runter, aber im Wasser selbst kommen wir keine drei Schritte weit, bevor die Strömung uns von den Füßen reißt.«

»Ich gehe zuerst«, erwiderte Jack. »Ich springe über die Steine auf die andere Seite. Und ich nehme ein Seil mit, das wir zwischen den beiden Ufern spannen. Dann könnt ihr euch daran festhalten.«

»Du willst über die Steine springen?«, fragte Carol ungläubig. »Die sind doch viel zu weit auseinander und uneben obendrein. Mal davon abgesehen, dass das unmöglich zu schaffen ist – wenn du ins Wasser fällst, kommst du wahrscheinlich irgendwo unten im Tal wieder raus.«

»Das lass mal meine Sorge sein«, entgegnete Jack schroff.

»Ich sag's ganz ehrlich – ich bin auch nicht begeistert von dem Vorschlag«, meinte Becca. »Das ist alles viel zu unberechenbar.«

»Ich finde die Idee gut«, meldete sich plötzlich Jang zu Wort. Er hatte sich die ganze Zeit über schweigend im Hintergrund gehalten. Jetzt aber trat er an den Rand der Böschung und sah auf den Fluss hinunter. »Die Aufgabe, die vor uns liegt, ist nicht einfach«, sagte er und blickte in die Runde. »Aber ich spüre deine Zuversicht, Jack, und wenn du dir deiner Sache sicher bist, dann vertraue ich dir. Wenn wir alle zusammenhalten, werden wir es schaffen.«

Eine Weile lang war nur das Rauschen des Flusses zu hören. Niemand sagte etwas. Nick war beeindruckt, wie abgeklärt der junge Mönch angesichts der heiklen Aufgabe, die ihnen bevorstand, reagierte. Er selbst hatte weitaus weniger Vertrauen in Jacks Vorhaben.

Schließlich räusperte sich Miles. »Also gut, dann machen wir es so. Irgendwelche Gegenstimmen?«

»Da ich keinen besseren Vorschlag habe – nein«, erwiderte Carol etwas unwillig. Auch Nick und Becca schüttelten zögerlich den Kopf.

»Sehr schön«, sagte Jack und nickte. »Wir sollten in einer der Hütten Schutz suchen und uns ausruhen, bis es dunkel wird. Und in ein paar Stunden heißt es dann: *Tashi Deleg, Tibet*. Hallo, Tibet.«

KAPITEL 14

Beim zweiten Versuch hatten sie Glück. Die erste Hütte, in die sie einen Blick hineingeworfen hatten, war derart mit Schimmel und Modergeruch durchsetzt gewesen, dass Nick, der als Erster hineingegangen war, beinahe fluchtartig den Rückzug angetreten hatte. Das zweite Gebäude befand sich in einem deutlich besseren Zustand. Es sah so aus, als wäre es noch bis vor Kurzem bewohnt gewesen. Die Besitzer hatten nach ihrem Aufbruch alles ordentlich und sauber hinterlassen. Vielleicht hofften sie tatsächlich, eines Tages wieder hierher zurückkehren zu können.

Sie setzten sich an den Tisch oder machten es sich auf dem einfachen, aus Paletten und Kissen zusammengebastelten Sofa bequem, packten ihren Proviant aus und aßen. Die Mönche hatten ihnen Wasser und eine Art Getreideschnitten eingepackt, die Nick in Konsistenz und Geschmack an Müsliriegel erinnerten und seinen Hunger nach nur wenigen Bissen stillten.

In ihrer Ausrüstung befand sich auch ein dünnes, außerordentlich stabiles Seil. Jack entrollte seines und schätzte, dass es etwa zwanzig Meter lang sein musste. »Wenn wir zwei Seile zusammenknoten, sollte es reichen, um die Enden auf beiden Uferseiten an einem Baumstamm zu befestigen«, sagte er.

»Und was machen wir mit dem Seil, wenn wir es alle über den Fluss geschafft haben?«, fragte Carol. »Wir können es ja schlecht hängen lassen. Früher oder später wird jemand darauf aufmerksam und zählt eins und eins zusammen. Wir sollten nicht darauf vertrauen, dass wir bis dahin bereits in Lhasa sind.«

»Ganz einfach«, sagte Jack. »Ich gehe wieder zurück und hole das Seil.«

»Warum bist du dir so sicher, dass du ohne Probleme über den Fluss kommst?«, fragte Becca. »Bei dir klingt das alles, als wäre es überhaupt kein Problem.«

Ein Lächeln umspielte Jacks Lippen, während er das Seil wieder aufrollte. »Ist es auch nicht.«

»Und wieso, wenn ich fragen darf?«, hakte Becca nach. »Bist du Superman, oder was?«

»Nein, natürlich nicht«, entgegnete Jack. »Aber ich habe … nun ja, nennen wir es spezielle Fähigkeiten.«

Becca betrachtete Jack aus zusammengekniffenen Augen und legte dann interessiert den Kopf schief. »Spezielle Fähigkeiten, soso. Meinst du etwas in dieser Art?«, fragte sie und hielt das aufgerollte Seil hoch, das Jack gerade noch in der Hand gehalten hatte.

Jack sprang auf. »Wie … wie hast du das gemacht?«, fragte er vollkommen perplex und starrte dann seine leeren Hände an.

»Ich habe es dir aus der Hand genommen. Hast du es nicht

gemerkt?«, erwiderte Becca und lächelte liebenswürdig. Plötzlich war das Seil verschwunden.

»Wo … wo ist es hin?«, fragte Jack mit weit aufgerissenen Augen.

»Sieh mal in deinem Rucksack nach. Ich habe es für dich eingepackt«, erwiderte Becca, die eine diebische Freude an dem Spielchen zu haben schien.

Jack ging zum Tisch, riss den Rucksack an sich und zog mit fassungslosem Gesichtsausdruck das Seil heraus.

Miles, der sich entspannt auf dem Sofa zurückgelehnt hatte, applaudierte. »Nicht schlecht. Ich würde sagen, es steht eins zu null für die Lady.«

Nick und Carol sahen sich an und fingen an zu grinsen. »Damit wäre diese Frage auch geklärt«, sagte Nick. »Ich hatte mich schon gefragt, ob ihr ebenfalls über besondere Fähigkeiten verfügt.«

»Na, dann lassen wir mal alle die Hosen runter«, meinte Miles fröhlich, beugte sich vor und streckte den Arm mit erhobenem Zeigefinger von sich. Zuerst fragte Nick sich, was er mit dieser Geste bezweckte, doch im nächsten Augenblick züngelte eine kleine Flamme auf Miles' Zeigefinger. Außer Jack, der dieses Schauspiel zweifellos nicht zum ersten Mal geboten bekam, rissen alle erstaunt die Augen auf.

»Für mehr reicht es leider nicht«, sagte Miles achselzuckend und ließ die Flamme wieder verschwinden.

»Meine Fähigkeiten sind so ähnlich wie Beccas«, sagte Nick. »Wenn bei mir viel Adrenalin ausgeschüttet wird, scheint die Welt um mich herum plötzlich stehen zu bleiben, während ich mich ganz normal weiterbewege. In Wahrheit bewege ich mich aber viel schneller als alle anderen.«

»Das klingt tatsächlich genau wie bei mir«, warf Becca ein. »Nur dass ich kein Adrenalin dafür brauche.«

»Also kannst du es bewusst einsetzen?«, fragte Nick.

»Ja, aber nur für kurze Zeit. Um Jack das Seil abzunehmen und in die Tasche zu stecken, reicht es.« Sie sah Jack an und zuckte halb amüsiert, halb entschuldigend mit den Schultern.

»Das ist ziemlich cool«, erwiderte Nick. »Bei mir hält der Zustand zwar länger an, dafür kann ich ihn nicht kontrollieren.«

Jang, der neben Miles auf der Couch saß, folgte ihrem Gespräch interessiert, schwieg jedoch. Er schien nur milde überrascht von ihren Fähigkeiten zu sein. Vielleicht hatte Aadarsh ihm gegenüber auch darüber etwas angedeutet.

»Und du, Carol?«, fragte Jack.

»Ich kann binär denken«, erwiderte sie. »Ich kann mich mit Computern in ihrer Sprache unterhalten, ihnen Befehle geben, Codes knacken und so weiter.«

»Ahaaa«, machte Miles. »Hat das etwas mit euren schicken Armbändern zu tun?«

»Nicht direkt«, antwortete Carol. »Die tragen alle an unserer Schule. Aber ich habe unsere Interfaces ein wenig modifiziert, ohne dass sie in der Schule etwas davon wissen. Normalerweise können die CBPIs nicht untereinander kommunizieren. Aus Sicherheitsgründen, nehme ich an.«

»Und warum haben die Dinger Namen?«, wollte Miles wissen.

»Durch die Namen werden sie auf uns geprägt«, erwiderte Nick.

»Abgefahren.« Miles wirkte schwer beeindruckt.

»Fehlt noch Mr Superman«, sagte Becca und wandte sich wieder Jack zu. »Komm, lüfte das Geheimnis: Warum fällt es dir so leicht, einen reißenden Fluss zu durchqueren?«

»Ich habe einen sehr guten Gleichgewichtssinn und kann ziemlich weit springen«, erwiderte Jack achselzuckend. »Für mich ist es kein Problem, über die Steine ans andere Ufer zu kommen.«

»Seine Fähigkeit klingt vielleicht nicht sonderlich spektakulär«, meinte Miles. »Aber ihr hättet ihn vor ’nem halben Jahr sehen sollen, als wir zwei Typen über die Dächer von Bukarest gejagt haben. Ich hab irgendwann kapituliert, aber Jack ist den Typen hinterhergehüpft wie ’ne Gazelle und hat sie ruckzuck außer Gefecht gesetzt. Wenn er sagt, dass er über den Fluss kommt, dann kommt er auch über den Fluss.«

Sie unterhielten sich noch eine Weile, doch dann trafen sie langsam Vorbereitungen für die Nacht. Sie teilten eine Wache ein, die vor der Hütte die Augen offen halten sollte, rollten ihre Schlafsäcke auf dem Boden aus und versuchten, ein wenig zu schlafen. Gegen drei Uhr wollten sie aufbrechen.

Nick hatte sich für die erste Wache gemeldet. Nachdem er sich noch einmal zwischen den Hütten umgesehen hatte und ein Stück Richtung Straße gegangen war, um sicher zu sein, dass sie keinen unerwarteten Besuch bekamen, ging er zurück zur Hütte, setzte sich davor und lehnte sich mit dem Rücken an die Wand.

»Jetzt mal ganz ehrlich«, meldete sich Brunos Stimme in seinem Ohr, »was gibt es eigentlich an meinem Namen auszusetzen?«

»Denkst du allen Ernstes immer noch darüber nach?«, fragte Nick leise.

»Wie würdest du dich denn fühlen, wenn irgendjemand deinen Namen komisch fände?«

»Ich würde mich kurz darüber ärgern und es dann auf sich beruhen lassen. Niemand findet alle Namen schön.«

»Und was genau findet Miles an meinem Namen nicht schön?«

Nick seufzte. »Du bist eine hartnäckige Nervensäge. Ich gehe mal davon aus, dass er ihn einfach etwas … altmodisch findet.«

»Und warum hast du dann keinen moderneren Namen ausgesucht?«

»Weil … ach, das ist eine lange Geschichte«, sagte Nick ausweichend. »Aber weißt du was? Inzwischen gefällt er mir richtig gut. Er ist einzigartig. Genau wie du.«

»Finde ich auch. Einzigartig. Bodenständig. Ein Klassiker. Nicht so ein Firlefanz wie Trinity und wie die anderen alle heißen. Nichts vergeht so schnell wie die Mode von heute.«

»Du bist so unglaublich weise, Bruno.«

»War das gerade ironisch gemeint?«

»Seit wann weißt du, was Ironie ist?«

»Seit dem letzten Upgrade vor drei Monaten.«

Nick gluckste leise. Sosehr Bruno ihn auch manchmal nervte – er konnte sich ein Leben ohne ihn nicht mehr vorstellen. Das CBPI war in den letzten Jahren so etwas wie ein Freund geworden, auch wenn Nick natürlich wusste, dass er lediglich aus Bits und Bytes bestand.

Eine halbe Stunde später kam Becca aus der Hütte, um ihn abzulösen.

»Hey«, sagte sie und setzte sich neben ihn. »Alles ruhig?«

»Geradezu gespenstisch ruhig«, erwiderte Nick. Seine Müdigkeit war plötzlich wie weggeflogen und er verspürte überhaupt keine Lust mehr, nach drinnen zu gehen. Eine Weile lang saßen sie da und sahen in die Dunkelheit hinaus. Der Mond tauchte die Umgebung der Hütten in silbrig-fahles Licht. In der Nähe war das Rauschen des Flusses zu hören, ansonsten blieb alles still.

»Wahnsinn, wie viele Sterne man hier sehen kann«, sagte Becca. »So etwas bekomme ich zu Hause nicht geboten.«

Nick warf einen kurzen Blick an den mit Tausenden von hellen Punkten übersäten Himmel. Dann betrachtete er Beccas Gesicht, das gedankenverloren nach oben gerichtet war. »Wo genau kommst du eigentlich her?«, fragte er.

»Aus Beit Hanina, einem Vorort von Jerusalem«, erwiderte sie. Dann riss sie sich von dem Anblick des Sternenhimmels los und sah ihn an. »Und du?«

»Berlin.«

»Gefällt dir die Stadt?«

»Ja. Auch wenn ich in den letzten Jahren nicht so oft dort war. Unsere Schule liegt etwas … außerhalb.« *Unterhalb* traf es wohl eher, aber er war sich nicht sicher, wie viel er Becca verraten durfte.

Sie hielt einen Moment inne. Dann fragte sie: »Was hältst du von Jack?«

»Ich finde seinen Plan ziemlich gewagt. Aber er scheint sich seiner Sache sehr sicher zu sein. Also versuchen wir es.«

»›Sicher zu sein‹«, wiederholte Becca und schnaubte leise. »Genau das ist der Punkt. Dieser Typ ist so schrecklich selbstsicher, dass er glaubt, alles bestimmen zu können. Das nervt.«

Nick zog es vor, nicht darauf zu antworten. Insgeheim musste er jedoch zugeben, dass er es genauso sah wie sie. Ihm gefiel Beccas direkte Art. Sie nahm offenbar nur selten ein Blatt vor den Mund. Allerdings konnte er sich auch vorstellen, dass diese Art von Ehrlichkeit nicht immer gut bei anderen ankam.

»Vielleicht brauche ich auch einfach mal Urlaub«, sagte Becca. »Ich war unheimlich viel unterwegs in den letzten Wochen. Außerdem wird es Zeit, dass ich mich mal wieder bei meinem Freund sehen lasse. Ich befürchte, dass er mir sonst den Laufpass gibt.«

Sie hatte einen Freund! Nick verspürte einen schmerzhaften Stich in der Magengegend und wunderte sich im gleichen Moment darüber. Was hatte er denn erwartet? Dass er der Einzige war, der sie nett fand?

»Was ist mit dir?«, fuhr Becca fort. »Wartet zu Hause auch jemand?«

»Nein«, entgegnete Nick mit rauer Stimme und räusperte sich rasch. Becca musste ihm ja nicht unbedingt anmerken, wie sehr ihn diese Info beschäftigte.

»Was ist mit Carol? Ihr scheint euch doch gut zu verstehen.«

»Wir sind gute Freunde, mehr nicht.«

»Ist vielleicht auch besser so«, sagte Becca und seufzte. »Unser Job ist Gift für Beziehungen.«

»Ja, mag sein«, erwiderte Nick. Tatsächlich hatte er sich über derlei Dinge noch nie ernsthafte Gedanken gemacht. Andererseits hatte es bis jetzt auch noch keinen Anlass gegeben, darüber nachzudenken. Und so, wie dieses Gespräch verlaufen war, würde es wohl auch weiterhin keinen geben.

Sie blieben für eine Weile schweigend nebeneinander sitzen. Als Nick das zweite Mal herzhaft gähnte, beschloss er, Vernunft walten zu lassen. Er verabschiedete sich von Becca, ging zu den anderen nach drinnen, schlüpfte in seinen Schlafsack und war kurz darauf eingeschlafen.

KAPITEL 15

Um kurz nach drei brachen sie auf. Trotz der nächtlichen Uhrzeit konnten sie ihre Umgebung gut erkennen. Es war Vollmond und die Regenwolken hatten sich zum Großteil verzogen. Nur hin und wieder schob sich eine Wolke vor den Mond und tauchte alles in blauschwarze Dunkelheit. Einmal zerriss das entfernte Bellen des Hundes die nächtliche Stille. Doch außer ihnen schien niemand hier draußen unterwegs zu sein.

Nach etwa zehn Minuten hatten sie die Stelle erreicht, die sie am Nachmittag ausgesucht hatten. Nacheinander begannen sie mit dem Abstieg. Jack übernahm die Vorhut und erst, als er unten am Ufer angekommen war, machte sich der nächste auf den Weg. Auf diese Weise vermieden sie, den vor ihnen Kletternden mit in die Tiefe zu reißen, da sich immer wieder Geröll löste oder sie selbst ein Stück den Hang hinabschlitterten. Auch Nick, der als Letzter an der Reihe war, rutschte ein paarmal aus und landete unsanft auf dem Hosenboden, fand jedoch Halt an den Büschen und kam schließlich mit einigen Schrammen, aber ohne größere Blessuren unten an.

Am Fluss führte ein schmaler Uferstreifen entlang, auf

dem sie nebeneinander Aufstellung nahmen. So nah am Wasser hatte das Rauschen eine ohrenbetäubende Lautstärke angenommen und machte es fast unmöglich, sich miteinander zu verständigen. Nick sah auf den reißenden Fluss hinaus und fragte sich zum wiederholten Male, ob Jack die Situation nicht unterschätzte. Immerhin hatte die wild sprudelnde Strömung einen Vorteil: In dem weiß schäumenden Wasser waren die Steine trotz der Dunkelheit gut zu erkennen.

Miles setzte seinen Rucksack ab, zog die lange Seilrolle mit den zwei aneinandergeknoteten Seilen hervor und band das eine Ende um einen Baum, der ein Stück über ihnen am Abhang stand. Er zog ein paarmal kräftig am Seil, um sicherzugehen, dass der Knoten halten würde, kehrte zu ihnen zurück und drückte Jack wortlos die Seilrolle in die Hand. Jack nickte ihnen noch einmal zu, wandte sich dann zum Fluss um – und sprintete los.

Der Vergleich mit einer Gazelle, den Miles in der Hütte bemüht hatte, war nicht ganz falsch gewesen, fand Nick. Leichtfüßig sprang Jack über die Steine, die an einigen Stellen fast drei Meter auseinanderlagen und oft uneben und schräg aus dem Wasser ragten. Nach jedem Sprung entrollte er das Seil ein kleines Stück mehr. Nach nicht mal einer Minute hatte er das gegenüberliegende Ufer erreicht. Dank des Mondes war die andere Uferseite gut zu erkennen, und so beobachteten sie, wie Jack das lose Seilende ebenfalls an einem Baum befestigte und es straff spannte. Dann winkte er ihnen zu. Es konnte losgehen.

Becca machte den Anfang. Sie hatten im Vorfeld diskutiert, wie sie es mit ihrer Kleidung machen sollten, und hatten beschlossen, alles anzulassen und dann auf der anderen Seite in trockene Sachen zu schlüpfen. Insbesondere die Schuhe wollten sie anlassen, da sie sich so besseren Halt auf dem unebenen, steinigen Flussgrund erhofften. Becca trat an den Rand des Ufers, ergriff das Seil fest mit beiden Händen und sprang hinunter in den Fluss. Sofort wurde sie bis zu den Oberschenkeln vom Wasser umspült und musste sich konzentrieren, nicht schon beim ersten Schritt von den Füßen gerissen zu werden. Sie umklammerte das Seil und arbeitete sich Meter für Meter in den Fluss hinein. Immer wieder war sie kurz davor, das Gleichgewicht zu verlieren, schaffte es aber mithilfe des Seils, sich auf den Beinen zu halten. In der Mitte des Flusses befand sich ein größerer, halbwegs flacher Stein. Als Becca ihn erreicht hatte, zog sie sich hinauf und verharrte eine Weile heftig atmend. Nick meinte, ihre Knie zittern zu sehen. Nervös kaute er auf seiner Unterlippe herum.

Plötzlich ging ein Ruck durch Beccas Körper. Sie ergriff wieder das Seil, stieg zurück in den Fluss und ging langsam, aber stetig bis ans andere Ufer. Jack half ihr aus dem Wasser, wo sie entkräftet zu Boden sackte. Nick fiel ein Stein vom Herzen. Erst jetzt bemerkte er, wie angespannt er gewesen war. Die Erste hatte es geschafft. Jetzt war Carol an der Reihe.

Sie machte ihre Sache wirklich gut, vor allem angesichts der Tatsache, dass sie nicht besonders groß war. Immer wieder wurde sie von einer Welle überspült und war schon nach kürzester Zeit tropfnass. Doch sie schaffte es ohne größere Zwischenfälle bis zu Jack und Becca, wo sie sich schüttelte wie ein begossener Pudel und sich gleich daran machte, sich trockene Sachen anzuziehen.

Jetzt wurde es ernst. Nick trat zu Jang und sah ihm fragend in die Augen. »Bist du bereit?«, rief er gegen das tosende Rauschen an.

Jang erwiderte seinen Blick und nickte. »Das bin ich.«

Nick schlang ihm die Mitte eines Seils um die Hüften, dessen eines Ende Carol vorhin mit auf die andere Seite genommen hatte. Er würde das Seil auf dieser, Jack auf der anderen Seite unter Spannung halten, sodass Jang zusätzlichen Halt bekam.

Ihr Plan ging auf. Jang arbeitete sich Schritt für Schritt auf das andere Ufer zu und kam erstaunlich gut voran. Als er stolperte und kurz das Gleichgewicht verlor, mussten Nick und Jack mit aller Kraft dagegenhalten, damit das Wasser ihn nicht von den Füßen riss. Doch Jang hatte sich schnell wieder gefangen und erreichte schließlich wohlbehalten das gegenüberliegende Ufer. Erleichtert ließ Nick das Seil los, und Jack holte es auf der anderen Seite ein.

Nun fehlten nur noch Miles und Nick. Der dunkelhäutige Agent hatte sich bereits in Position gebracht. Jetzt wandte er sich noch einmal zu Nick um und hob die Hand. Nick klatschte ab, dann trat Miles vorsichtig in die schäumenden Fluten.

Bis zur Mitte des Flusses lief alles glatt. Miles stemmte sich mit seinem ganzen Gewicht gegen die Wassermassen und hangelte sich bedächtig am Seil entlang auf die andere Seite zu.

Auch er zog sich auf den Stein, auf dem Becca eine Pause eingelegt hatte. Nick beobachtete, wie er an seinem Schuh herumnestelte. Offenbar war er mit dem Fuß irgendwo hängen geblieben und musste nun die Schnürsenkel neu binden. Dann griff er nach dem Seil, um sich wieder ins Wasser gleiten zu lassen. Plötzlich ging alles so schnell, dass Nick später nicht mehr hätte sagen können, was genau der Auslöser gewesen war. Miles verlor den Halt und rutschte vom Stein. Mit aller Kraft klammerte er sich an das Seil, doch seine Füße fanden keinen festen Stand und wurden vom Fluss mitgerissen. Für einige Sekunden hing Miles fast waagerecht im Wasser und versuchte verzweifelt, wieder auf die Beine zu kommen. Dann konnte er sich nicht mehr länger halten. Seine Hände rutschten vom Seil, im gleichen Moment verschwand er in den Fluten.

Nick reagierte, ohne groß darüber nachzudenken. Er rannte am Ufer entlang flussabwärts. Aus den Augenwinkeln nahm er wahr, dass es Jack auf der anderen Seite genauso tat. Mit einem Mal bildete er sich ein, etwa dreißig Meter vor ihm Miles' Kopf aus dem Fluss auftauchen zu sehen.

Angestrengt starrte er aufs Wasser, doch es war einfach zu dunkel und Miles bereits zu weit entfernt, um noch irgendetwas erkennen zu können. Das durfte nicht sein. Das durfte einfach nicht passiert sein! Niemand konnte sagen, wie lange Miles vom Fluss mitgerissen wurde und wann er die Möglichkeit hatte, das Ufer zu erreichen – oder ob er überhaupt lange genug bei Bewusstsein blieb, um aktiv ans Ufer zu schwimmen. Er musste nur einmal vom Wasser herumgewirbelt werden und mit dem Kopf auf einen Felsen knallen, dann konnte es ganz schnell aus sein mit ihm.

Während sich bei dem Gedanken kaltes Entsetzen in Nick ausbreitete, bemerkte er, wie Jack etwas rief und noch einmal an Tempo zulegte. Der Fluss machte eine Rechtskurve, an deren Ausläufer sich eine Kiesbank gebildet hatte, auf die Jack nun hinuntersprang. Dann beugte er sich ins Wasser und zerrte etwas Großes, Schweres Richtung Ufer. Miles! Nick war auf gleicher Höhe angekommen und beobachtete, wie Jack den reglosen Körper auf den Rücken drehte und sich daneben auf die Knie sinken ließ. Plötzlich bäumte sich Miles auf, hustete heftig und spuckte dabei einen riesigen Schwall Wasser aus. Gott sei Dank! Er lebte! Nick konnte die Erleichterung beinahe körperlich spüren.

Jack blieb noch eine Weile neben Miles sitzen, doch dann rappelte er sich auf und zog auch seinen Kollegen auf die Füße. Miles schien weitestgehend unverletzt zu sein, auch wenn Nick sogar auf die Entfernung erkennen konnte, dass er vor Schock und Kälte am ganzen Körper zitterte.

Jack sah zu Nick hinüber und winkte als Zeichen, dass alles in Ordnung war. Zusammen gingen sie zurück zur Einstiegsstelle und zu Jang und den Mädchen, die Miles erleichtert umarmten und ihm dann halfen, sich aus den nassen Klamotten zu schälen. Jetzt musste nur noch Nick auf die andere Seite kommen. Er atmete tief durch, ergriff das Seil und sprang hinunter ins Wasser.

Die Kälte raubte ihm schier den Atem. Die ungeheure Kraft der Strömung zerrte an seinen Beinen und drohte, bei jedem Schritt seine Füße wegzureißen. Der Grund des Flusses war uneben und voller unregelmäßiger, teils loser Steine, sodass er Schwierigkeiten hatte, einen festen Stand zu finden. Ohne das Seil wäre dieses Unterfangen unmöglich zu bewerkstelligen gewesen.

Nick war schon ein gutes Stück in den Fluss vorgedrungen, als sich plötzlich eine Wolke vor den Mond schob und die Umgebung in schwarzer Finsternis versank. Nick blieb unwillkürlich stehen. Zwar hatte er schon die ganze Zeit nicht gesehen, wo er seine Füße hinsetzte, trotzdem fühlte er sich in der Dunkelheit noch unsicherer als zuvor. Die Situation hatte etwas geradezu Unwirkliches an sich: Unfähig, etwas zu sehen, verharrte er inmitten dieser Urgewalt, festgeklammert an das lebensnotwendige Seil, umgeben von eiskaltem Wasser und ohrenbetäubendem Rauschen. Erst nach einer gefühlten Ewigkeit, die in Wahrheit vermutlich nicht mehr als ein oder zwei Minuten gedauert hatte, gab die Wolke den Mond wieder frei. Nick tastete sich vorsichtig weiter. Die Kälte ließ seine Muskeln erlahmen, und bald wurde jeder Schritt zur Qual. Wie ein Roboter setzte Nick einen Fuß vor den anderen, ohne noch etwas um sich herum wahrzunehmen. Endlich streckten sich ihm helfende Hände entgegen, die ihn aus dem Wasser zogen. Er hatte es geschafft.

Schwer atmend blieb er noch eine Weile liegen, unfähig, sich zu bewegen. Erst als Carol zu ihm trat und ihm eine

Hand auf die Schulter legte, kehrten seine Lebensgeister langsam wieder zurück. Nun fiel ihm auch auf, wie kalt ihm war. Zitternd richtete er sich auf. Carol lächelte ihm zu und reichte ihm ein T-Shirt, das sie offenbar als notdürftiges Handtuch benutzt hatte, sowie eine Rettungsdecke. Er trocknete sich Gesicht und Haare ab, zog sich bis auf die Unterhose aus und wickelte sich in die goldglänzende Folie ein, bis er wieder einigermaßen aufgewärmt war. Dann holte er Wechselkleidung aus seinem Rucksack und zog sich um. Er konnte sich nicht daran erinnern, jemals so dankbar für trockene Klamotten gewesen zu sein. Nur die durchnässten Schuhe musste er notgedrungen wieder anziehen.

Jack war in der Zwischenzeit mit ein paar eleganten Sprüngen zurück ans gegenüberliegende Ufer gehüpft, hatte das Seil vom Baum gelöst und landete gerade mit beiden Beinen wieder neben ihnen am Ufer. Nun band er das Seil auch auf ihrer Seite los, rollte es auf und verstaute es in seinem Rucksack. Dann sah er auffordernd in die Runde. Nick sah sich ebenfalls nach den anderen um. In ihren Gesichtern las er das Gleiche, das er empfand. Erleichterung. Erschöpfung. Und Triumph. Sie hatten es geschafft. Sie waren in Tibet. Aber sie hatten noch einen weiten Weg vor sich. Und sie hatten keine Zeit zu verlieren.

KAPITEL 16

Da ein Aufstieg an der Stelle, an der sie den Fluss durchquert hatten, nicht möglich war, gingen sie den schmalen Uferstreifen entlang flussaufwärts. Über ihnen ragte der Felsen schier endlos in die Höhe. Der Weg war abschüssig und genau wie auf nepalesischer Seite voller Geröll und mit Gestrüpp überwuchert. Dementsprechend beschwerlich kamen sie voran, und ihre nassen Schuhe machten die Sache nicht unbedingt angenehmer. Hinter einer Biegung kam die Brücke wieder in Sicht, und bald hatten sie die Stelle erreicht, die sie sich im Vorfeld für ihren Aufstieg ausgeguckt hatten.

Etwa zwanzig Meter über ihnen befand sich eine Betonbrüstung, die eine dahinterliegende Straße zum Abhang hin sicherte. Der Aufstieg würde – ähnlich wie der Abstieg zuvor – steil, aber machbar sein. Nick ging voraus. Er verlor hin und wieder den Halt und schlitterte ein Stück den Hang hinunter, schaffte es schließlich bis oben und zog sich über das Betongeländer auf die andere Seite. Aufmerksam sah er sich um. In der einen Richtung endete die Straße nach etwa fünfzig Metern. So blieb ihnen nur die Möglichkeit, in Richtung Brücke zu gehen, vorbei an den imposanten ehemaligen Verwaltungsgebäuden und vorbei an den Wachen. Nick vergewisserte sich, dass niemand zu sehen war und sich auch kein Wachposten gerade auf Patrouille befand. Dann holte er sein Seil aus dem Rucksack, band ein Ende um einen Pfosten des Geländers und ließ das Seil in die Tiefe fallen, damit die anderen sich daran heraufziehen konnten. Kurz darauf standen alle staubig, aber unversehrt neben ihm auf der Straße.

Leise machten sie sich auf den Weg Richtung Brücke. Das Rauschen des Flusses klang nur noch gedämpft zu ihnen herauf und Nick fiel auf, wie still es darüber hinaus war. Ab und zu knirschten Steine unter ihren Schuhen. Das Geräusch hallte unnatürlich laut durch die Nacht.

Sie erreichten die Verwaltungsgebäude, die links und rechts von ihnen emporragten. Nick beschlich das unbestimmte Gefühl, beobachtet zu werden. Die Fensteröffnungen, die sich schwarz vor der hellen Fassade abzeichneten, wirkten wie dunkle Höhlen. Immer wieder meinte er, einen Schatten dahinter vorbeihuschen zu sehen. Da aber weder Brunos noch Trinitys Umgebungsscanner anschlugen, musste er sich das Ganze eingebildet haben.

Je näher sie der Brücke kamen, desto vorsichtiger bewegten sie sich. Inzwischen waren sie nur noch wenige Meter von dem Gebäude entfernt, in dem sie gestern die Wachen gesehen hatten. Die Straße, die an dem kleinen Häuschen vorbeiführte und sich schließlich in engen Kurven den Berg hinaufschlängelte, war der einzige Weg Richtung Zhangmu. Sie hatten keine andere Wahl – sie mussten direkt an den Wachen vorbei.

»Wartet«, flüsterte Carol plötzlich und blieb stehen. »Trinity bestätigt, dass wir es mit zwei Männern zu tun haben. Dem Bewegungsprofil des einen Mannes nach zu urteilen scheint er zu schlafen. Der zweite ist wach.«

Das war er in der Tat. Kaum hatte Carol die Worte ausgesprochen, öffnete sich die Tür des Gebäudes. Gelber Lichtschein fiel auf den Asphalt und in der Tür erschien der Umriss eines Mannes, der gemächlich auf die Straße hinaustrat.

Hastig drückten sich die Agenten so dicht wie möglich in den Schatten des Hauses. Nachdem die Tür wieder ins Schloss gefallen war, verschmolzen die Konturen des Mannes mit der Dunkelheit, sodass sie nur erahnen konnten, wo er sich befand. Plötzlich flammte ein Streichholz auf, kurz darauf glomm etwa in Augenhöhe ein orangefarbener Punkt. Der Mann hatte sich offenbar eine Zigarette angesteckt. Nick hoffte, dass er vor dem Häuschen stehen blieb und nicht auf die Idee kam, seine Raucherpause mit einem kleinen Spaziergang zu verbinden. Bei einem flüchtigen Blick waren sie nicht zu sehen, aber sollte der Mann die Straße entlang auf sie zukommen, würde er sie auf jeden Fall entdecken. Als hätte er Nicks Gedanken gehört, trat er aus dem Schatten des Hauses ins Mondlicht und schlenderte in ihre Richtung. Sie pressten sich noch enger an die Hauswand und wagten kaum zu atmen. Nick schlug das Herz bis zum Hals. Wenn der Wachmann sie bemerkte, konnten sie ihn natürlich außer Gefecht setzen, aber das würde früher oder später seinen Kollegen auf den Plan rufen, der wiederum sofort Verstärkung alarmieren würde. Dann würde es in dem engen Tal nur so wimmeln vor chinesischer Polizei, und ihre Chance, Jang heimlich nach Lhasa zu bringen, würde sich in Luft auflösen. Diese Variante sollten sie also unter allen Umständen vermeiden.

Sie hatten Glück. Nach ein paar Schritten blieb der Mann stehen, inhalierte tief den Rauch seiner Zigarette ein und sah gedankenverloren gen Himmel. Ein paar Minuten später warf er den zu einem Stummel abgebrannten Glimmstängel zu Boden, trat ihn mit dem Schuh aus und ging wieder zurück ins Haus. Mit einem Klacken fiel die Tür hinter ihm ins Schloss.

Sie schienen kollektiv die Luft angehalten zu haben, denn sie atmeten alle gleichzeitig auf – auch wenn sie darauf achteten, es sehr leise zu tun.

»Holy moly, das war knapp«, wisperte Miles.

»Los, Leute, weiter«, flüsterte Jack. »Wir müssen Zhangmu erreichen, bevor es hell wird. Auf der Straße haben wir keinerlei Deckung.«

Sie warteten noch, bis Trinity das Bewegungsprofil der Männer analysiert hatte und ihnen grünes Licht gab, dann schlichen sie so lautlos und rasch wie möglich an der Grenzstation vorbei. Kurz darauf hatten sie sämtliche Gebäude hinter sich gelassen und waren umgeben von steilen Felswänden und dichtem Wald. Die Straße nach Zhangmu führte, wie nicht anders zu erwarten gewesen war, stetig bergauf. Zum Glück befand sie sich jedoch in einem einigermaßen guten Zustand. Dipesh hatte ihnen erzählt, dass die Straße in der Vergangenheit bei starkem Regen oder nach einem Erdbeben oft unpassierbar gewesen war. Als Reisender hatte man dann keine andere Möglichkeit gehabt, als sich zu gedulden und abzuwarten, bis der Schaden behoben worden war.

Der Weg nach Zhangmu war weiter, als sie gedacht hatten. Nick verfluchte die Tatsache, dass er kein zweites Paar Schuhe mitgenommen hatte. Die nassen Boots rieben schmerzhaft an seinen Füßen, und er befürchtete, dass er sich einige kolossale Blasen einhandeln würde. Außerdem machte sich langsam die Höhe bemerkbar. Sie befanden sich inzwischen auf über 2000 Metern, und in der dünnen Luft gerieten sie selbst bei diesem simplen Fußmarsch ganz schön außer Atem.

»Können wir 'ne kurze Pause einlegen?«, fragte Miles und wischte sich übers Gesicht.

»Es dämmert bereits«, entgegnete Jack. »Wir haben noch ein ganz schönes Stück vor uns.«

»Ich weiß. Aber wir sind inzwischen so hoch, dass man uns von der Grenzstation aus nicht mehr sehen kann. Komm schon. Nur 'ne kurze Verschnaufpause.«

»Na schön. Aber maximal eine Viertelstunde.«

Den dankbaren Gesichtern der anderen nach zu schließen konnten sie eine Pause ebenso gut gebrauchen wie Miles. Nick war erleichtert und ließ sich neben Carol und Jang am Straßenrand nieder und atmete erst einmal tief durch. Dann kramte er seine Trinkflasche und den Rest der Getreideschnitten aus seinem Rucksack.

»Hat jemand eine Kopfschmerztablette dabei?«, fragte Becca. »Mir brummt schon seit ein paar Stunden der Schädel, und es wird immer schlimmer.«

»Das kommt vermutlich von der Höhe«, erklärte Jack. »Wenn man ins Hochgebirge fährt, sollte man sich normalerweise Zeit lassen, um sich zu akklimatisieren.«

»Vielen Dank für den Hinweis«, erwiderte Becca sarkastisch. »Zeit ist genau das, wovon wir gerade wahnsinnig viel zur Verfügung haben.«

»Wenn du nicht aufpasst, wirst du höhenkrank«, fuhr Jack unbeeindruckt fort. »Schwindel, Erbrechen, Atemnot, das ganze Programm.«

»Ja, ja, schon gut. Leider kann ich gerade nicht darauf warten, dass sich mein Körper akklimatisiert.«

»Hier«, sagte Carol und warf Becca eine Packung Aspirin zu. »Vielleicht hilft's ja.«

Becca fing die Packung auf und nickte Carol dankbar zu.

Miles streckte sich und verzog gleich darauf das Gesicht. »Leute, meine Füße bringen mich um. Das Problem mit den nassen Schuhen haben wir irgendwie nicht zu Ende gedacht.«

»Warum ziehen wir sie dann nicht einfach aus?«, erwiderte Jang, schnürte sich die Schuhe auf und band sie an den Rucksack.

»Bist du verrückt?«, fragte Nick. »Es sind höchstens zehn Grad!«

Miles beobachtete Jang mit zur Seite geneigtem Kopf. »Lieber kalte Füße als wundgescheuerte«, sagte er schulterzuckend und folgte Jangs Beispiel.

Nick zögerte kurz. Doch dann zog er sich ebenfalls seine Boots aus. Am Ende baumelten sechs Paar Schuhe an den Rucksäcken.

Zehn Minuten später gingen sie weiter. Obwohl Nick durch die Socken jedes Steinchen im Straßenbelag spürte, war das Laufen tausendmal angenehmer als in den nassen Tretern. Trotzdem wünschte er sich bald nichts sehnlicher, als in dem Grenzdorf anzukommen. Der Weg zog sich wie Kaugummi. Obwohl sie hinter jeder Biegung glaubten, endlich ihr Ziel erreicht zu haben, dauerte es noch einmal fast eine Stunde, bis Zhangmu in Sicht kam.

Beim Anblick des Dorfes wunderte es Nick nicht mehr, warum man es vor ein paar Jahren aus Sicherheitsgründen evakuiert hatte. Die Häuser schienen sich verzweifelt an den steil abfallenden Fels zu klammern, und Nick konnte sich gut vorstellen, dass sie Erdbeben und Erdrutschen hilflos ausgeliefert waren. Zhangmu war größer als Kodari, und die Straße schlängelte sich zwischen mehrstöckigen, aber ebenso heruntergekommenen und ziemlich trostlos wirkenden Gebäuden hindurch. Auf einigen Dächern saßen Krähen, deren Rufe in der Stille des Dorfes widerhallten. Ansonsten begegneten sie keiner Menschenseele.

Nach kurzem Suchen fanden sie das Haus, von dem Aadarsh gesprochen hatte. Die Eingangstür hing schief in den Angeln und quietschte laut, ließ sich jedoch problemlos öffnen. Die Räume dahinter lagen im Halbdunkel und rochen muffig, aber das störte sie nicht. Erschöpft sanken sie auf den Fußboden des Wohnraums und lehnten sich mit dem Rücken an die Wand. Jetzt konnten sie nur noch warten, bis Gyanzen sie abholte. Und hoffen, dass ihre weitere Reise etwas unspektakulärer verlief.

KAPITEL 17

Es waren etwa vier Stunden vergangen, ohne dass sich im Ort etwas geregt hatte. Das war nicht wirklich beunruhigend, schließlich war mit ihrem Fahrer keine konkrete Uhrzeit vereinbart worden, trotzdem zermürbte sie die lange Warterei, in der sie nur untätig herumsitzen konnten. Sie hatten kurz überlegt, einfach der Straße zu folgen und Gyanzen entgegenzugehen, sich dann aber dagegen entschieden, da diese Variante zu viele Risiken barg. Also versuchten sie, sich in dem verlassenen Haus, so gut es ging, die Zeit zu vertreiben.

Jack und Nick hatten eine Straßenkarte von Tibet vor sich ausgebreitet und besprachen die verschiedenen Routen, die man von hier nach Lhasa nehmen konnte. Miles hatte in einem Schrank ein Kartenspiel entdeckt und die beiden Mädchen zu einer Runde Poker herausgefordert. Als Einsatz diente eine Sammlung alter Knöpfe, die sie in einer Blechdose gleich neben dem Kartenspiel gefunden hatten.

Jang hatte zunächst meditiert, sich danach jedoch zu den Spielern an den Tisch gesetzt und interessiert zugeschaut, wie sie Karten zogen, ablegten, Knöpfe vor sich stapelten, Einsätze erhöhten und versuchten, dabei einen möglichst undurchschaubaren Gesichtsausdruck zu machen. Miles hatte schließlich angeboten, ihm das Spiel zu erklären. Inzwischen spielten sie bereits die fünfte Runde – und wie es aussah, würde Jang auch diese haushoch gewinnen.

»Ein wirklich schönes Spiel, dieses Poker«, sagte Jang und zog freudestrahlend sämtliche Knöpfe, die in der Tischmitte lagen, zu sich heran. Er hatte Miles dazu gebracht, auszusteigen, obwohl dieser zwei Könige auf der Hand gehabt hatte, er selbst jedoch nur ein paar niedrige Zahlen.

»Vielleicht sollte ich es auch mal mit Meditation probieren«, grummelte Miles und steckte sich ein Stück Lakritz in den Mund. »Scheint für ein Pokerface ungemein hilfreich zu sein.«

»Nimm's nicht so schwer«, sagte Carol. »Wer kann schon von sich behaupten, gegen den Dalai Lama beim Pokern verloren zu haben?«

»Auch wieder wahr«, erwiderte Miles und bediente sich erneut am Lakritz.

»Wie viele Tüten von dem Zeug hast du eigentlich dabei?«, fragte Becca.

»Das ist meine letzte«, erwiderte Miles kauend. »Hoffentlich gibt's in Lhasa Nachschub.«

»Darf ich?«, fragte Jang und deutete auf die Lakritztüte.

»Selbstverständlich, Eure Heiligkeit«, sagte Miles und schob ihm die Tüte hin. Jang nahm eine der schwarzen Rauten heraus, roch daran und steckte sie sich vorsichtig in den Mund. Nach kurzer Zeit hellte sich seine Miene auf. »Hmm«, machte er, »lecker.«

»Ha«, rief Miles. »Danke, Eure Heiligkeit. Wenigstens einer hier, der weiß, was gut ist!«

Jang grinste. »Du solltest aufhören, mich so zu nennen. ›Eure Heiligkeit‹ bin ich nämlich erst, nachdem ich offiziell gekrönt wurde.«

»Apropos«, sagte Nick und blickte von der Straßenkarte auf. »Vielleicht kannst du mir eine Sache erklären. Als wir dich im Kloster zum ersten Mal gesehen haben, hat Aadarsh dich zwar mit Trijang vorgestellt, aber dann noch furchtbar viele andere Namen genannt. Was hat es damit auf sich?«

»Trijang Semkyi ist der Name, unter dem ich geboren wurde«, erklärte Jang. »Wenn ich zum Dalai Lama gekrönt werde, bekomme ich meinen Mönchsnamen verliehen. Und der lautet ›Jamgön Jigme Wangshuk Chökyong Norbu Kyentse Gyatso‹.«

»Das kann sich doch kein Schwein merken«, warf Miles kopfschüttelnd ein.

Jang lächelte. »Meist werden auch nur die letzten beiden Namen benutzt: Kyentse Gyatso. Das ist dann schon einfacher zu behalten«, sagte er mit einem Zwinkern in Miles' Richtung.

»Hat der Name eine Bedeutung?«, fragte Carol.

»Natürlich«, erwiderte Jang. »Er bedeutet ›freundlicher Schützer und Bewahrer der Lehre, kraftvoll und ohne Angst, kostbares Juwel, Ozean der Weisheit und des Mitgefühls‹.«

Nick pfiff anerkennend.

»Alle Achtung«, stellte auch Miles fest. »Mit so etwas kann unsereins natürlich nicht mithalten.«

»Wieso?«, fragte Carol. »Was hat dein Name denn für eine Bedeutung?«

»Miles stammt ursprünglich aus dem Lateinischen und bedeutet ›Krieger, Soldat‹.«

Die anderen sahen sich an und grinsten.

»Was ist daran bitte schön so lustig?«, fragte Miles gespielt empört.

»Ich finde, der Name passt zu dir«, sagte Jang vollkommen ernst. »Nicht die äußere Erscheinung ist wichtig, sondern die innere Einstellung.«

»Bäm! Da hört ihr's«, erwiderte Miles und steckte sich ein weiteres Lakritz in den Mund.

»Darf ich dich auch etwas fragen?«, meldete sich Becca zu Wort.

»Natürlich, gern«, erwiderte Jang.

»Hast du Angst vor der Aufgabe, die dir bevorsteht?«, fragte Becca. »Immerhin wirst du bald ein ganzes Land repräsentieren.«

Jang dachte eine Weile über die Frage nach. »Keine Angst, nein«, sagte er schließlich. »Nur Respekt.«

Nick betrachtete ihn nachdenklich. Er konnte es immer noch nicht fassen, dass der junge Tibeter in ein paar Tagen unter größtem Pomp und Gloria inthronisiert werden und ein ganzes Volk vor ihm auf die Knie fallen und ihm zujubeln würde. Jang wirkte zwar sehr reif und abgeklärt für sein Alter, aber wie er dort in Jeans und Pullover vor seinem Haufen erbeuteter Knöpfe saß, erschien er wie ein ganz normaler Teenager.

»Es muss ein seltsames Gefühl für dich sein, nach Tibet zurückzukehren«, sagte Carol. »Schließlich hast du die meiste Zeit gar nicht in dem Land gelebt, dessen Oberhaupt du bald sein wirst.«

»Überhaupt nicht«, erwiderte Jang. »Ich freue mich sehr, endlich in mein Heimatland zurückzukehren. Heimat definiert sich nicht danach, wo man lebt. Heimat ist etwas, das man im Herzen trägt. Geht es dir nicht genauso, Nick?«

Nick sah Jang erstaunt an. Außer Carol wusste niemand, dass seine Mutter aus Tibet stammte.

»Was meint Jang damit, Nick?«, fragte Becca.

»Meine Mutter war Tibeterin«, erwiderte er. »Sie ist bei meiner Geburt gestorben. Ich habe mein ganzes Leben in Deutschland verbracht. Und dort ist auch meine Heimat.«

»Vielleicht, weil du nur diese Heimat kennst«, erwiderte Jang. »Bitte verstehe mich nicht falsch. Deine Verbindung zu Deutschland ist sicher stärker als die zu Tibet. Aber du solltest die Gelegenheit ergreifen, deine Wurzeln zu erforschen. Für jeden von uns ist es wichtig zu wissen, woher man kommt. Denn das definiert ein Stück weit, wer man ist.«

»Woher weißt du eigentlich, dass meine Mutter aus Tibet stammt?«, fragte Nick und fixierte den jungen Tibeter eindringlich.

Jang erwiderte seinen Blick. »Ich besitze ebenfalls eine Gabe«, antwortete er. »Ich nenne es Hellsicht. Wenn ich meditiere, überkommen mich manchmal Bilder und Emotionen, die auf etwas Bestimmtes hindeuten.«

»Du hast Visionen?«, fragte Carol verblüfft.

»So etwas Ähnliches«, bestätigte Jang. »Nur nicht ganz so klar. Aber mir geht es wie einigen von euch: Ich kann meine Gabe nicht steuern – die Hellsicht kommt, wenn es nötig ist. Nicht, wenn ich es für nötig halte.«

Für eine Weile sagte niemand etwas. Diese Information mussten sie erst einmal verdauen. Nick dachte wieder, wie ähnlich Jang ihnen im Grunde doch war. Wäre er in einem anderen Land geboren worden, hätte man ihn dank seiner Fähigkeit vielleicht ebenfalls zu einem Spezialagenten ausgebildet anstatt zum Dalai Lama.

»Glaubst du, dass dir dein Weg als Dalai Lama vorherbestimmt war?«, fragte Becca in die Stille hinein. »Ich meine, hattest du überhaupt eine Wahl?«

Miles schnaubte. »Was hätte er denn sagen sollen? Danke, Leute, echt nett von euch, aber sucht euch jemand anderen für den Job?«

»Genau das«, entgegnete Becca ungerührt. »Was wäre, wenn du so empfunden hättest, Jang? Du hast fast dein ganzes Leben in einem Kloster verbracht. Du hattest überhaupt keine Chance auf eine normale Kindheit.«

»Na ja, so ganz normal war unsere auch nicht«, warf Jack ein. »Stimmt, aber wir sind erst mit dreizehn auf die Agentenschule gekommen. Bis dahin waren wir einfach nur Kinder, mit Freunden, Hobbys und Sommerurlaub am Meer«, erwiderte Becca.

»Natürlich habt ihr recht«, sagte Jang. »Ich hatte keine gewöhnliche Kindheit. Aber mir hat sich die Frage nie gestellt, ob ich eine Wahl hatte. Als Mönch lernt man, dass die Bedürfnisse Vieler wichtiger sind als die Bedürfnisse Einzelner. Mönch zu sein ist auch eine Frage der Ehre.« Er lächelte und fügte mit leuchtenden Augen hinzu: »Und gibt es eine ehrenvollere Aufgabe, als einem ganzen Volk zu dienen?«

KAPITEL 18

Gegen Mittag vernahmen sie ein leises Brummen, das sich schnell als das Motorengeräusch eines Autos entpuppte. In der Stille der Geisterstadt war der Laut schon zu hören, lange bevor das Auto in Sicht kam. Rasch verstauten sie ihre Sachen und gingen in Deckung, um nicht von außen durch die Fenster gesehen zu werden. Bevor sie sich zu erkennen gaben, wollten sie erst sichergehen, dass es sich um Gyanzen und nicht etwa um eine chinesische Patrouille handelte. Während die anderen mit Jang im Nebenzimmer warteten, gingen Jack und Nick neben dem Fenster zur Straße in Position und spähten vorsichtig hinaus.

Das Auto, ein alter, kastenförmiger olivgrüner Minivan, rollte langsam um eine Kurve und hielt schließlich ein paar Meter vor dem Haus an. Der Motor wurde abgestellt, kurz darauf öffnete sich die Fahrertür. Ein kleiner Mann undefinierbaren Alters stieg aus und sah aufmerksam die Straße hinauf und hinunter. Er hatte braune Haut und tiefe Falten im Gesicht, und Nick vermochte nicht zu sagen, ob er eher lebenserfahren oder verlebt wirkte. Nachdem er offenbar nichts Beunruhigendes in der näheren Umgebung bemerkt hatte, kam der Mann zielstrebig auf ihr Haus zu.

Lautlos postierten sich Nick und Jack neben der Haustür. Ein leises Klopfen erklang von der anderen Seite. »Wer ist da?«, fragte Jack.

»Gyanzen. Aadarsh schickt mich. Ich komme, um Trijang Semkyi und seine Freunde abzuholen.«

Nick und Jack sahen sich an und nickten sich schließlich zu. Es war höchst unwahrscheinlich, dass es sich hier um einen chinesischen Soldaten handelte. Nick öffnete die Tür, die dabei erneut ein Quietschen von sich gab. Nachdem Gyanzen eingetreten war, schloss er sie wieder.

Der Tibeter sah sich zunächst suchend im Raum um, lächelte die beiden Agenten dann verhalten an und verbeugte sich zur Begrüßung. Nick meinte, eine Spur Misstrauen in seinem Blick zu bemerken. »Ich bin Nick«, stellte er sich vor, »und das ist Jack. Schön, dass du da bist, Gyanzen.«

»Wo sind die anderen?«, fragte der Mann. »Aadarsh sagte, ihr wärt zu sechst?«

»Vorsichtsmaßnahme«, erwiderte Jack. »Wir würden dich gerne abtasten.«

Wortlos breitete Gyanzen die Arme aus. Nick trat vor und durchsuchte ihn nach versteckten Waffen. Dann schob er einer Eingebung folgend den linken Ärmel von Gyanzens Mantel ein Stück hoch und untersuchte das Handgelenk. Es war jedoch keine Tätowierung zu sehen. »Alles in Ordnung. Ihr könnt kommen«, rief er.

Becca, Miles und Carol kamen aus dem Nebenraum, gefolgt von Jang. Als Gyanzen ihn sah, geschah etwas, womit sie nicht gerechnet hatten: Er ging ein paar Schritte auf den

Jungen zu und warf sich vor ihm auf den Boden. Während die anderen die Geste überrascht beobachteten, lächelte Jang gutmütig. Nachdem Gyanzen sich wieder aufgerichtet hatte, nickte der Junge ihm freundlich zu.

»Guten Tag, lieber Gyanzen«, sagte Jang. »Nun kreuzen sich unsere Wege zum zweiten Mal. Ich möchte dir danken, dass du erneut das Risiko auf dich nimmst, mich auf meiner Reise zu begleiten.«

Jetzt erinnerte sich Nick: Aadarsh hatte erzählt, dass Gyanzen bereits dabei gewesen war, als man Jang von Tibet in das nepalesische Kloster gebracht hatte.

»Es ist mir eine Ehre, Eure Heiligkeit«, erwiderte Gyanzen. »Und es erfüllt mich mit großer Freude und Erleichterung, dass Ihr es wohlbehalten bis hierhin geschafft habt.«

»Das habe ich meinen fünf Freunden zu verdanken«, sagte Jang und deutete lächelnd zu den Agenten.

Gyanzen verbeugte sich erneut. »Ich danke euch allen. Ihr erweist unserem Land einen großen Dienst.« Dann richtete er sich wieder auf. »Wir sollten bald aufbrechen.«

»Herzlich gern«, erwiderte Miles. »Ich kann es kaum erwarten, dieser Bruchbude zu entkommen.«

Nachdem sie Zhangmu verlassen hatten, führte sie ihr Weg immer weiter in die Berge hinauf. Je höher sie kamen, desto mehr zogen sich Bäume und Pflanzen zurück, bis sie sich schließlich mitten im Hochgebirge befanden. Die spektakuläre Straßenlage setzte sich auch hier fort. Während auf der einen Seite Steilhänge ungesichert in die Tiefe stürzten, ragten auf der anderen Seite Felswände Tausende Meter hinauf bis zu schneebedeckten Gipfeln.

Gyanzen erzählte ihnen, dass die Straße oft von heftigen Steinschlägen getroffen wurde, und tatsächlich passierten sie immer wieder kurze Abschnitte, in denen Teile der Straße förmlich weggerissen worden waren oder wo sie anhalten und Steine von der Straße räumen mussten. Die Kraft der Steine, die sich ihnen hier offenbarte, war beängstigend. Nick schickte ein Stoßgebet gen Himmel, dass solch ein Steinschlag nicht ausgerechnet in dem Moment abging, wenn sie unter ihm hindurchfuhren.

Es herrschte sehr wenig Verkehr. Nur in der Nähe eines Dorfes begegnete ihnen hin und wieder ein anderes Auto. Nach etwa drei Stunden Fahrt durch die beeindruckende Bergwelt erreichten sie schließlich eine Passhöhe, an der sie eine kurze Pause einlegten, um etwas zu essen. Gyanzen nutzte die Gelegenheit, um aus einem mitgebrachten Reservekanister den Tank nachzufüllen.

Als Nick aus dem Van stieg, raubte es ihm buchstäblich den Atem. Sie befanden sich auf über 5000 Meter Höhe und die Luft war hier so dünn, dass er das Gefühl hatte, doppelt so schnell atmen zu müssen, um seine Lungen zu füllen. Darüber hinaus wehte ein bitterkalter Wind, sodass Nick sich rasch bis zur Nasenspitze in seinen Mantel verkroch. Am höchsten Punkt des Passes waren Dutzende Leinen mit Gebetsfahnen gespannt worden. Nick wusste, dass die Texte auf den bunten Fähnchen Gebete symbolisierten, die vom

Wind in die Welt getragen werden sollten. Je verwitterter die Fahnen waren, desto mehr Gebete hatte der Wind mitgenommen.

Auch die anderen schlotterten in dem eisigen Wind, daher beschlossen sie, die Fahrt so rasch wie möglich fortzusetzen. Es ging zunächst vorbei an gewaltigen Bergmassiven, deren Gipfel in über 8000 Metern Höhe thronten. Doch schon bald führte die Straße sanft bergab, und die Gebirgslandschaft wich immer mehr einer Art Hochebene, zu der die schneebedeckten Berge der nordöstlichen Gebirgsketten eine beeindruckende Kulisse bildeten. Die Landschaft, die sich kilometerweit vor ihnen erstreckte, war einsam und öde und zugleich faszinierend und wunderschön. Beim Anblick der unendlichen, kargen, immer wieder mit Schnee durchzogenen Ebene begriff Nick mit einem Mal, was die extreme Höhe den Menschen abverlangte und wie hart und entbehrungsreich es sein musste, in diesem unwirklichen Land zu leben.

Bisher waren sie über die noch verhältnismäßig gut ausgebaute Nationalstraße gefahren, vermutlich, weil es schlicht die einzige Straße war, die durch die Berge führte. Doch nun bog Gyanzen auf eine Nebenstraße ab, um die Checkpoints des chinesischen Militärs zu umgehen, die in immer regelmäßigeren Abständen errichtet worden waren, je näher man Lhasa kam. Nie hätte Nick gedacht, dass er den Komfort eines glatten Straßenbelags je so zu schätzen wissen – beziehungsweise vermissen – würde. Die Nebenstraße bestand aus unbefestigtem Schotter, weswegen sie wieder einmal ordentlich durchgerüttelt wurden. Darüber hinaus verlief die Fahrt jedoch erfreulich ereignislos. Verkehr gab es hier gar keinen mehr, nur aus der Ferne sahen sie vereinzelte Bauern, die eine Viehherde vor sich hertrieben oder einen Ochsenkarren lenkten.

Nick betrachtete seine Mitstreiter. Obwohl sie bereits seit mehreren Stunden unterwegs waren, hatten sie kaum miteinander gesprochen. Jang und die Agenten sahen schweigend aus dem Fenster und schienen, genau wie Nick selbst, die atemberaubende Landschaft förmlich in sich aufzusaugen.

Eine halbe Stunde später wandte Gyanzen sich zu ihnen um. »Wir sind bald da.« Bei diesen Worten machte sich bei allen Erleichterung breit.

Da die Fahrt über die Nebenstraßen mehr Zeit in Anspruch nahm, würden sie es heute nicht bis nach Lhasa schaffen. Daher würden sie die Nacht in einem kleinen Bergdorf bei einer Verwandten von Gyanzen verbringen. Nick sah wieder aus dem Fenster. Die Sonne versank gerade hinter einem der zahllosen Bergmassive und warf lange Schatten über die Ebene. Weiter vorn an der Straße sah er eine Abzweigung und ein Hinweisschild, das in die Einmündung wies. Im Vorbeifahren fiel sein Blick auf den Namen, der auf dem Schild stand. Sein Kopf ruckte herum, doch das Schild war bereits außer Sicht. Das war doch ganz und gar unmöglich.

Er musste sich verlesen haben. Wie vom Donner gerührt starrte er weiter aus dem Fenster, ohne etwas um sich herum wahrzunehmen. Das Blut pochte laut in seinen Ohren. Er irrte sich nicht – er hatte den Namen deutlich erkannt. Das Schild hatte auf einen See hingewiesen. Genau auf den See, an dem seine Mutter aufgewachsen war und gelebt hatte, bis sie seinen Vater kennengelernt und ihm nach Deutschland gefolgt war.

KAPITEL 19

Das war schlicht und einfach unfassbar. Tibet war riesig, und sie übernachteten praktisch in Rufweite zum Heimatdorf seiner Mutter. Als Nick vor einigen Jahren mit seinem Vater in Tibet gewesen war, hatten sie den Ort nicht besuchen können, da ein Erdbeben die Zufahrtsstraße zum See zerstört hatte. Doch nun schien die Straße wieder befahrbar zu sein. Nick glaubte nicht an Schicksal, aber das war schon ein gewaltiger Zufall!

Er hatte keine Gelegenheit, sich weiter darüber Gedanken zu machen, denn in diesem Moment kam das kleine Dorf in Sicht, das tatsächlich nur aus wenigen Hütten bestand. Gyanzen bog von der Straße in einen schmalen Zufahrtsweg ab und hielt kurz darauf vor einem gedrungenen, gemütlich aussehenden Steinhaus. »Wir sind da«, sagte er und stellte den Motor ab. »Meine Tante spricht leider kein Englisch. Ich werde für euch übersetzen müssen. Aber sie freut sich schon sehr auf euch. Die Menschen hier oben bekommen nicht oft Besuch, schon gar nicht von Ausländern.«

Sie waren kaum ausgestiegen, als sich die Haustür öffnete und eine alte Frau heraustrat. Sie schien bereits auf sie gewartet zu haben. Gyanzen ging zu ihr und umarmte sie herzlich. Dann winkte er die Jugendlichen heran. Als die Frau Jang in ihrer Mitte entdeckte, wiederholte sich, was am Mittag geschehen war: Ohne die anderen zu beachten, machte sie ein paar Schritte auf Jang zu, murmelte etwas auf Tibetisch und warf sich ehrfürchtig vor ihm auf den Boden. Als sie sich wieder erhob, sah Nick, dass sie Tränen in den Augen hatte. Erst jetzt begrüßte sie auch die fünf Agenten und winkte sie wortreich ins Haus.

Im Inneren des Häuschens war es eng, aber gemütlich. Nachdem sie ihr Gepäck hineingetragen hatten, machten sie es sich um den großen Esstisch bequem, der so aussah, als wäre er extra für ihren Besuch zusammengezimmert worden, denn er sprengte die Maße des kleinen Wohnraums erheblich. Im Kamin prasselte ein Feuer, und sie hatten ihre nach wie vor leicht feuchten Schuhe davorgestellt in der Hoffnung, so das letzte bisschen Flusswasser zu trocknen.

Auf einem Herd in einer kleinen Kochnische dampfte es aus einem Kessel. Der Geruch ließ Nick das Wasser im Mund zusammenlaufen und erinnerte ihn daran, dass er seit zwei Tagen nichts Warmes mehr gegessen hatte. Nyima, wie Gyanzens Tante hieß, stellte den Kessel auf den Tisch und teilte das Essen aus, das aus einem äußerst schmackhaften Eintopf aus Fleisch und Gemüse bestand. Sie langten kräftig zu, und obwohl der Kessel randvoll gewesen war, schafften sie es, ihn ratzeputz leer zu futtern.

Nyima legte ihre anfängliche Scheu gegenüber Jang und den anderen rasch ab und wollte bald alles über die Jugendlichen, ihre Arbeit als Spezialagenten und ihre bisherige

Reise wissen. Gyanzen und Jang übersetzten, während die Agenten abwechselnd von ihren Schulen und ihrer Ausbildung erzählten – zumindest so viel, wie sie preisgeben durften. Gyanzen berichtete, wie er vor zehn Jahren den dreijährigen Jang außer Landes geschmuggelt hatte, indem er ihn in einem speziell präparierten Fass mit Yakbutter versteckt hatte. Schließlich erzählten sie Nyima, wie sie einige Stunden zuvor heimlich über die Grenze nach Tibet gekommen waren, wobei Miles in einer gekonnten Pantomime nachstellte, wie er vom Fluss mitgerissen worden war. Es wurde viel gestaunt und mindestens genauso viel gelacht. Die Stimmung war entspannt und heiter. Daran vermochte auch der Buttertee nichts zu ändern, den Nyima nach dem Essen servierte. Nick kannte das Getränk bereits von seinem ersten Besuch in Tibet, und er hatte ihm schon damals nichts abgewinnen können. Es bestand, wie der Name vermuten ließ, aus heißem Tee, der mit gesalzener Yakbutter vermischt und zu fast allen Mahlzeiten serviert wurde. Der Geschmack war höchst gewöhnungsbedürftig, und Nick sah den anderen an, dass auch sie den Tee nur aus reiner Höflichkeit und in kleinstmöglichen Schlucken zu sich nahmen, denn traditionell wurde Gästen das Getränk sofort nachgeschenkt, sobald sie etwas davon getrunken hatten.

In einer kurzen Erzählpause, in der sie alle pflichtschuldig an ihrem Tee nippten, ergriff Nyima das Wort. Ihr Blick ruhte dabei gedankenverloren auf Jang. Gyanzen übersetzte.

»Ich habe miterlebt, wie der 14. Dalai Lama gekrönt wurde. Ich war ein kleines Mädchen damals. Meine Eltern sind mit mir nach Lhasa gefahren und wir haben mit den Menschen zusammen auf der Straße getanzt. Als wenige Jahre später die Chinesen einmarschierten und Lhasa besetzten, war ich ebenfalls in der Stadt. Ich habe mit eigenen Augen gesehen, wie der Dalai Lama geflohen ist. Doch die Tibeter haben ihr Oberhaupt nicht vergessen. Ich bin sicher, dass das Fest, das die Menschen anlässlich der Krönung in ein paar Tagen feiern werden, genauso ausgelassen, bunt und friedlich ist wie das Fest, das ich damals miterleben durfte.«

»Hat sich in Tibet viel verändert, seitdem die Chinesen hier sind?«, fragte Nick.

Nyimas Gesicht verdüsterte sich. »Oh ja, das hat es«, sagte sie traurig. »Mönche werden verfolgt, Nomaden werden sesshaft gemacht, Kinder lernen kein Tibetisch mehr, und viele Geschäftsleute verlieren ihre Lebensgrundlage, weil unsere Märkte mit chinesischen Billigprodukten überschwemmt werden.« Sie hielt kurz inne und seufzte. »Aber man sollte eine Sache immer von zwei Seiten betrachten«, fuhr sie fort. »Tibet war ein rückständiges Land, das tibetische Volk arm und ungebildet. Die Chinesen haben Straßen und Schienen, moderne Häuser und Schulen gebaut. Sie haben uns Fortschritt und Wohlstand gebracht, und vielen Tibetern geht es heute besser als früher. Die Welt befindet sich in einem stetigen Wandel, man kann das nicht aufhalten. Aber man sollte nicht gezwungen sein, seine kulturellen und religiösen Wurzeln dafür aufzugeben.«

Sie schwiegen eine Weile nachdenklich.

»Glaubst du, dass sich an dem Verhältnis zwischen Tibetern und Chinesen in Zukunft etwas ändern wird?«, fragte Carol schließlich.

»Ich weiß es nicht«, erwiderte Nyima. »Der Konflikt zwischen Tibet und China besteht schon seit vielen Jahrzehnten, wenn nicht Jahrhunderten. Eine solche Auseinandersetzung löst sich nicht einfach in Luft auf.«

Nyimas Blick wanderte wieder zu Jang, und ihre Augen leuchteten auf. »Aber nachdem ich unseren neuen Dalai Lama kennenlernen durfte, bin ich mir sicher, dass er viel Gutes im Land bewegen kann. Und das ist immerhin ein Anfang.«

KAPITEL 20

Nick lag in seinem Schlafsack unter dem Fenster und konnte nicht mehr einschlafen. Es musste etwa vier Uhr morgens sein. Das Feuer im Kamin war heruntergebrannt. Die Glut glomm nur noch in einem matten Orange und tauchte das Zimmer in ein diffuses Halbdunkel. Jang und die anderen lagen kreuz und quer auf dem Boden verteilt und schliefen. Nick hörte ihre tiefen und gleichmäßigen Atemzüge.

Nach dem Essen hatte Gyanzen eine Straßenkarte auf dem Tisch ausgebreitet und die Route für den nächsten Tag besprochen. Sie würden zunächst eine kleine Straße durch die Berge nehmen, die nach etwa zwei Stunden auf eine Hauptstraße stieß, die von Norden her nach Lhasa führte. Jack und er hatten noch eine Weile angeregt diskutiert und ein paar Alternativen durchgesprochen, sich dann aber für diese Variante entschieden, die zwar einen größeren Umweg bedeutete, dafür jedoch deutlich weniger Checkpoints aufwies. Am Ende streckte Jack sich, gähnte herzhaft und ging kurz nach draußen, um frische Luft zu schnappen.

Auch die anderen konnten ein Gähnen nicht mehr unterdrücken, und so beschlossen sie, schlafen zu gehen. Während Jang, Miles und die Mädchen Tisch und Stühle an die Wand schoben, damit alle Schlafsäcke auf dem Boden Platz fanden, schlüpfte Nick zu Nyima in die kleine Schlafkammer, wo sie gerade zusätzliche Decken für alle aus einem Schrank holte. Es gab etwas, das ihm den ganzen Abend über keine Ruhe gelassen hatte. Zuvor hatte er überprüft, dass Bruno Zugriff auf ein aktuelles Wörterbuch Tibetisch-Deutsch besaß, da er Gyanzen nur ungern um Hilfe bitten wollte. Mit Händen und Füßen und einigen tibetischen Wörtern, die Bruno ihm soufflierte, fragte er Nyima nach dem See, dessen Namen er auf dem Schild gelesen hatte. Und tatsächlich berichtete ihm die alte Dame, dass die Straße dorthin wieder befahrbar und der See nur etwa zwei Kilometer entfernt war.

Nick starrte an die Decke. Er war hellwach. Seitdem er wusste, dass es sich um das Dorf seiner Mutter handelte, kreisten seine Gedanken permanent um nichts anderes. Der Ort schien eine geradezu magische Anziehungskraft auf ihn auszuüben. Aber warum auch nicht? Wann würde er so bald wieder die Möglichkeit bekommen, ihn zu besuchen? Er dachte an Jangs Worte, wie wichtig es sei, seine Wurzeln zu erforschen, und traf einen Entschluss.

So lautlos wie möglich öffnete er seinen Schlafsack, schlüpfte in seine Jacke, schlich zum Kamin, um seine Schuhe zu holen, und arbeitete sich schließlich zur Tür vor, indem er zwei große Schritte über Jack und Miles machte, die in der Mitte des Raumes lagen und selig vor sich hin schnauften. Rasch glitt er zur Haustür hinaus und drückte sie mit einem leisen Klicken wieder ins Schloss. Die Nacht war sternenklar und kalt. Nick zog fröstelnd den Reißverschluss bis oben hin zu, dann machte er sich auf den Weg zum See.

»Hältst du das für eine gute Idee?«, fragte Bruno.

»Nein. Um ehrlich zu sein ist die Idee total bescheuert«, erwiderte Nick. »Aber ich muss das machen. Der Weg ist nicht weit. Ich bin zurück, bevor irgendwer etwas merkt.«

»Wenn doch, werden sie nicht sonderlich begeistert sein von deinem Alleingang.«

»Ich weiß. Deswegen beeile ich mich ja auch.«

»Außerdem ist es höchst fahrlässig, die Gruppe zu verlassen, ohne sie darüber zu informieren. Das gehört zu den Grundlektionen, erstes Schuljahr.«

»Bruno, bitte hör auf, mir ein schlechtes Gewissen zu machen. Das hab ich auch so schon. Aber meine Entscheidung ist gefallen. Ich gehe. Allein. Ende der Diskussion.«

Genau wie in der Nacht zuvor schien der Mond so hell, dass Nick den Weg deutlich vor sich sah. Schon bald hatte er die Abzweigung an der Straße erreicht und bog in den Schotterweg ein, der zum See führte. Er ging zügig, ohne zu rennen, trotzdem machte sich die dünne Luft wieder bemerkbar und ließ Nick ungewohnt aus der Puste kommen. Nach einer halben Stunde zogen sich die Felsen, die den Weg gesäumt hatten, langsam zurück, und nach einer kleinen Anhöhe war Nick am Ziel.

Der See lag dunkel und ruhig vor ihm. Auf der Wasseroberfläche spiegelten sich der Mond und die schneebedeckten Gipfel der umliegenden Berge. In einiger Entfernung konnte Nick die Umrisse von Hütten ausmachen, und er beschloss, ein Stück am Ufer entlang auf die kleine Siedlung zuzugehen.

Doch je näher er den Gebäuden kam, desto deutlicher wurde, dass vor einigen Jahren nicht nur die Straße, sondern auch der Ort von dem Erdbeben zerstört worden war. Ein Erdrutsch hatte einen Teil der Häuser unter sich begraben, bei den übrigen fehlte das Dach oder es waren gleich ganze Wände eingestürzt, die nun als verstreute Steinhaufen herumlagen. Ohne auf etwas Bestimmtes zu achten, wanderte Nick durch die Ruinen und setzte sich schließlich ans flache Ufer.

Er sog die klare, kalte Luft ein und sah auf den See hinaus. Hier also war seine Mutter geboren und hatte einen Großteil ihres Lebens verbracht. An einem See irgendwo im tibetischen Hochland, umgeben von Bergen und kargen, weiten Ebenen. Es faszinierte ihn, dass es Menschen gab, die ihr ganzes Leben an solch einem einsamen, widrigen Ort verbrachten. Gleichzeitig empfand er eine tiefe Trauer, dass dieser Ort nun unwiederbringlich zerstört worden war.

Er blickte noch eine Weile aufs Wasser und auf die schneebedeckten Berge, die sich majestätisch dem sternenübersäten Himmel entgegenstreckten. Gedankenverloren legte er dabei die Hand auf die Stelle, wo sich unter seiner Jacke der Anhänger mit dem Bild seiner Mutter befand. Er hätte gerne gewusst, was für ein Mensch sie gewesen war. Obwohl er sie nie kennengelernt hatte, vermisste er sie an manchen

Tagen schrecklich. Doch meistens hatte er das Gefühl, dass sie trotz allem bei ihm war, in dem Blick eines Menschen, in einer bestimmten Melodie oder auch in diesem Moment, als der Wind sacht über sein Gesicht strich.

Ihm fielen eine Handvoll Steinmännchen auf, die irgendjemand am Ufer errichtet hatte – flache Kieselsteine, die zu kleinen Türmchen aufgeschichtet worden waren. Er erhob sich und machte sich auf die Suche nach passenden Steinen. Nachdem er etwa sieben oder acht übereinandergestapelt hatte, zog er den Lederriemen mit dem Bild seiner Mutter vom Hals und hängte ihn an den obersten Stein. Der Anhänger bedeutete ihm viel, aber er hatte das Bedürfnis, etwas an diesem Ort zurückzulassen, das an seine Mutter erinnerte. Sein Vater besaß noch weitere Fotos und würde ihm sicher ein neues geben.

Erschrocken stellte er fest, dass es hinter den Bergen bereits zu dämmern begann. Er ließ seinen Blick noch einmal über die Ruinen des kleinen Ortes schweifen, dann riss er sich von dem Anblick los und machte sich rasch auf den Rückweg, um wieder zurück zu sein, bevor die anderen aufwachten. Im Stillen dankte er Jang für seine Worte. Schlechtes Gewissen hin oder her – es war eine gute Idee gewesen, hierherzukommen.

KAPITEL 21

Der Weg zurück war vor allem eins: anstrengend. Nick geriet nicht nur außer Atem, er fühlte sich auch merkwürdig erschöpft und kraftlos und hatte Mühe, das hohe Tempo, in dem er zurückstapfte, beizubehalten. Die Höhenluft forderte ihren Tribut – ein ungewohntes und nicht sehr angenehmes Gefühl für Nick, der normalerweise in Topform war und nur selten ins Schwitzen geriet.

Als er die Straße zum Dorf erreicht hatte und sich der kleinen Ansammlung von Häusern näherte, zögerte er. Dann blieb er schließlich ganz stehen und ging wenige Schritte neben der Straße hinter einem Felsen in Deckung. Irgendetwas stimmte nicht. Er vermochte nicht genau zu sagen, was seine Aufmerksamkeit erregt hatte, aber hier war etwas komisch. Er lugte hinter dem Felsen hervor und beobachtete die Hütten. Nichts regte sich im Dorf. Alle Bewohner schienen noch zu schlafen.

»Bruno, hast du eine Möglichkeit, das Dorf zu scannen?«

Es knackte kurz in seinem Ohr, dann sagte Bruno: »Keine Chance. Zu weit weg.«

»Dann versuch bitte, mit Trinity Kontakt aufzunehmen.«

Wieder das Knacken. »Geht auch nicht, tut mir leid.

Außerdem ist mir gar nicht gut. Ich glaube, ich habe Kreislaufprobleme.«

»Bruno, das ist kein Spaß! Irgendetwas stimmt da nicht.«

»Ich mach keinen Spaß. Wahrscheinlich bekomme ich von dir zu wenig Energie und laufe sozusagen auf Notstrom.«

»Verflixt. Ausgerechnet jetzt!«

»Wieso? Was ist denn los?«

»Keine Ahnung. Ist nur so ein Gefühl.«

Nick lief vorsichtig bis ins Dorf und nutzte schließlich den Schutz der Häuser, um sich bis zu Nyima vorzuarbeiten. Es war vollkommen still im Dorf. Vielleicht zu still. Wenige Meter vor seinem Ziel ging er erneut in Deckung und schaute vorsichtig um die Ecke des Hauses, das ihm den Blick verstellte. Gyanzens Van war nirgendwo zu sehen. Dafür parkte ein großer schwarzer Geländewagen vor Nyimas Haus.

In diesem Moment wurde die Haustür aufgerissen. Mehrere dunkel gekleidete Männer traten heraus und stiegen in den Wagen. Nick zog sich rasch hinter die Ecke zurück. Sein Herz schlug ihm bis zum Hals. War das möglich? Er hatte nur einen kurzen Blick auf die Männer werfen können, aber wenn er sich nicht täuschte, war einer von ihnen der Typ, den er im Flughafen k.o. geschlagen hatte. Er hörte, wie der Wagen startete, wendete und dann mit durchdrehenden Reifen davonbrauste. Nick trat hinter dem Haus hervor, sah dem Wagen nach, der bereits in einer Staubwolke verschwunden war, und rannte dann zum Haus.

Im Innern sah es aus, als hätte eine Bombe eingeschlagen.

Stühle waren umgeworfen, Vorhänge zerrissen, ein Regal mit den wenigen Habseligkeiten Nyimas lag zertrümmert auf dem Boden. Nyima lag zusammengekauert vor dem Kamin. Von den Agenten, Jang und Gyanzen war keine Spur zu sehen. Nick lief zu Nyima. Die alte Frau war bei Bewusstsein, sah aber elend aus. Als sie Nick bemerkte, versuchte sie, sich stöhnend aufzusetzen. Nick sah, dass sie eine Platzwunde an der Stirn hatte, aus der ein dünnes Rinnsal Blut an ihrem Gesicht hinablief, und auch ihre Lippe war aufgeplatzt. Wut kochte in ihm hoch. Wie rücksichtslos und brutal musste man sein, um eine wehrlose alte Frau derart zuzurichten?

Er stützte Nyima vorsichtig unter den Armen und half ihr behutsam auf einen Stuhl. Dann ging er in die Küche, füllte ein Glas mit Wasser und kramte nach einem Tuch, das er befeuchtete, um ihre Wunden damit zu reinigen.

Mit zitternden Händen nahm Nyima das Tuch von ihm entgegen, doch anstatt sich das Gesicht zu säubern, knetete sie nervös darauf herum, während sie in hektischen, abgehackten Sätzen auf ihn einredete. Nick verstand nicht, was sie sagte, aber er merkte ihr an, dass sie Angst hatte.

»Bruno?«, murmelte er leise. »Kannst du übersetzen?«

»Ich hab auch nicht jedes Wort verstanden. Anscheinend hat mitten in der Nacht eine Frau an die Tür geklopft und wollte mit Gyanzen sprechen. Danach haben alle ganz hektisch zusammengepackt und sind weggefahren. Die Frau meinte offenbar, dass Mitglieder des COSA auf dem Weg hierher seien.«

»Was heißt auf Tibetisch: Woher wusste sie das?«, fragte Nick.

Bruno sprach ihm den Satz vor. Nick sah Nyima an und wiederholte die Wörter, so gut es ging.

Die alte Dame antwortete, und Nick fiel auf, dass zu ihrer Angst und ihrem Schmerz nun auch noch Wut hinzukam. Bruno übersetzte erneut.

»Der Mann der Nachbarin scheint mit den Terroristen zu sympathisieren und hat ihnen den Tipp gegeben, dass wir hier sind. Seine Frau teilt seine Ansichten jedoch nicht und hat gewartet, bis er schläft. Dann ist sie hergekommen. Sie wohnen nur zwei Häuser weiter. Nyima überlegt gerade, mit welcher Methode sie den Typ aus dem Dorf jagt.«

Trotz der ernsten Lage musste Nick lächeln. Nyima war zwar nicht mehr die Jüngste, trotzdem würde er in den nächsten Tagen nur ungern in der Haut des Nachbarn stecken wollen.

»Vor etwa einer Viertelstunde sind die Terroristen dann tatsächlich aufgetaucht«, fuhr Bruno fort. »Als sie gemerkt haben, dass niemand mehr da ist, haben sie vor Wut die ganze Hütte auf den Kopf gestellt. Und weil Nyima ihnen nicht sagen wollte, wo Gyanzen mit den anderen hingefahren ist, haben sie sie auch geschlagen.«

»Seit wann sind die anderen weg?«, fragte Nick.

Das Hin- und Herübersetzen wiederholte sich. »Seit etwa drei Stunden«, sagte Bruno schließlich.

Also war die Nachbarin kurz nach seinem Aufbruch zur Hütte gekommen. Nick stöhnte. Das durfte doch nicht wahr sein! Er musste den anderen hinterher. Bei ihrem Vorsprung würde er sie zwar nicht mehr einholen, aber vielleicht gelang es ihm ja, zumindest kurz nach ihnen in Lhasa anzukommen – sofern er irgendwo einen fahrbaren Untersatz auftrieb. Aber wo sollte er hier oben am Ende der Welt ein Auto herbekommen? Höchst unwahrscheinlich, dass einer der Dorfbewohner einen hochmodernen SUV hinter seiner Hütte stehen hatte. Und mit den alten Klapperkarren, die hier alle besaßen, konnte er wahrscheinlich froh sein, wenn er pünktlich zur Krönungszeremonie in vier Tagen in Lhasa eintraf.

Nick wurde jäh aus seinen Überlegungen gerissen, als ein Motorengeräusch im Dorf ertönte. Autotüren schlugen, und kurz darauf riefen Stimmen aufgeregt durcheinander. Nick huschte zum Fenster und spähte hinaus. Ein schwarzer Geländewagen hatte im Dorf gehalten. Nick zählte auf die Schnelle vier Männer, die von Hütte zu Hütte gingen und an die Türen hämmerten. Die Bewohner öffneten sichtlich verärgert über die frühe Störung, was die Eindringlinge jedoch überhaupt nicht interessierte. Barsch stellten sie eine Frage, und als einer der Bewohner sich weigerte, zu antworten, schlug ihm sein Gegenüber brutal ins Gesicht. Entsetzt stellte Nick fest, dass zwei der Männer Maschinenpistolen in der Hand hielten. Sie schienen sich nicht daran zu stören, dass sie das gesamte Dorf aufweckten, ganz im Gegenteil. Nachdem immer mehr Bewohner halb neugierig, halb ängstlich vor ihre Hütten getreten waren, drehte sich einer der Maschinenpistolenträger im Kreis und bellte eine Mischung aus Frage und Befehl in die Runde. Die anderen gingen derweil weiter von Tür zu Tür und drangen in die Häuser ein. Nicht mehr lange, und sie würden sich bis zu ihnen vorgearbeitet haben.

Nyima war zu Nick getreten, legte ihm nun sanft eine Hand auf den Arm und sagte leise etwas auf Tibetisch. Bruno übersetzte: »Sie fragen nach einem Jungen. Europäer, mittelgroß, dunkle Haare.«

Sie suchten nach ihm! Nick erwiderte Nyimas Blick und äußerte eine stumme Bitte. Es war viel verlangt von der alten Frau, die schon eine Menge für sie durchgemacht hatte. Doch Nyima nickte nur und deutete in den rückwärtigen Teil der Hütte. »Du kannst durch das Fenster in ihrer Schlafkammer verschwinden«, übersetzte Bruno. »Ein paar Meter hinter dem Haus beginnt ein Pfad, der in die Berge führt.«

Nick drückte Nyimas Hand und dankte ihr mit einem kurzen Lächeln. Dann schnappte er sich seinen Rucksack, der achtlos in einer Ecke zwischen den umgeworfenen Stühlen lag, lief in die Kammer neben der Küche und kletterte aus dem kleinen Fenster. Seine Füße hatten noch nicht ganz den Boden berührt, als er hörte, wie jemand gegen Nyimas Tür hämmerte. Hektisch sah er sich um. Es war inzwischen hell geworden, sodass er den Pfad, der sich zwischen Büschen und Felsbrocken den Berg hinaufschlängelte, rasch fand. So schnell wie möglich rannte er darauf zu. Er hoffte inständig, dass Nyima ihre erneute Bereitschaft, sie zu decken, nicht mit Schlimmerem bezahlte als ein paar Platzwunden.

Der Pfad führte steil bergauf und schlängelte sich immer wieder an größeren Felsbrocken vorbei, die Nick guten Schutz boten. Nachdem er dem Weg etwa einhundert Meter gefolgt war, ging er schwer atmend hinter einem der Felsen in Deckung und spähte vorsichtig hinab ins Dorf. Von hier oben hatte er einen guten Überblick über den Tumult, der sich dort unten abspielte. Zwei der Männer kamen gerade aus Nyimas Haus und stapften unverzüglich zur nächsten Hütte. Die beiden anderen Männer durchkämmten systematisch den Platz zwischen den Häusern, rissen bei ihrer Suche die Tür eines kleinen Verschlags aus den Angeln und scheuchten Hühner in einem Stall auf, die daraufhin laut gackernd die Flucht ergriffen. Sie gingen extrem rücksichtslos vor – und sie schienen es eilig zu haben.

Nick verstand das alles nicht. Gehörten die Männer ebenfalls zum COSA? Und wenn ja – warum waren sie dann noch einmal zurückgekommen? Sie hatten doch schon eine halbe Stunde zuvor festgestellt, dass Jang und die Agenten nicht mehr da waren. Wollten sie auf Nummer sicher gehen? Oder hatte es eine weitere Truppe von ihnen geschafft, die anderen in ihre Gewalt zu bringen? Falls ja – warum betrieben sie dann so einen Aufwand, Nick zu finden? Wenn es ihnen darum ging, den zukünftigen Dalai Lama umzubringen, war Nick doch von keinerlei Interesse mehr für sie.

Nachdem der Mann, der so rabiat durch den Hühnerstall gepflügt war, nichts Nennenswertes entdeckt hatte, ging er zur Dorfmitte zurück. Dort wandte er sich um und ließ den Blick über die umliegenden Berge schweifen – genau in

Nicks Richtung. Rasch ging Nick wieder hinter dem Felsen in Deckung. Er ließ etwa eine halbe Minute verstreichen, dann riskierte er erneut einen Blick. Der Mann sprach mit einem zweiten und deutete dabei auf den Pfad. Er war nicht übermäßig aufgeregt, schien Nick also nicht gesehen zu haben, aber es stand außer Frage, dass sie den Pfad genauer in Augenschein nehmen würden, sobald sie mit der Durchsuchung des Dorfes fertig waren. Nick wartete, bis sich die beiden Männer abwendeten, und sprintete los.

Der Pfad führte weiter in die Berge, verlor sich aber nach einigen Hundert Metern zwischen den Felsen. Nick lief geduckt, suchte hinter Gesteinsbrocken und größeren Büschen Deckung und sah sich immer wieder um. Seine Flucht schien – zumindest vorerst – unbemerkt geblieben zu sein. Nach einer Weile war er vom Dorf aus nicht mehr zu sehen. Er drosselte sein Tempo und überlegte, wie er weiter vorgehen sollte. Eine Möglichkeit wäre, sich zu verstecken, zu warten, bis die Männer wieder wegfuhren, und dann ins Dorf zurückzukehren. Doch das kam für Nick nicht infrage. Er wollte Nyima nicht noch weiter in Gefahr bringen. Außerdem konnte er nicht sicher sein, ob der Mann, der sie an die Terroristen verraten hatte, nicht nach wie vor auf der Lauer lag und nur darauf spekulierte, dass Nick wieder zurückkehrte, sobald sich die Lage beruhigt hatte.

Eine weitere Möglichkeit wäre, Direktor Faber zu kontaktieren und ihm zu berichten, was vorgefallen war. Doch dann musste Nick ihm auch beichten, warum er von den anderen getrennt worden war. Solch ein Alleingang aus einem für den Auftrag vollkommen irrelevanten Grund war höchst unprofessionell gewesen, und Nick hatte Angst, dass Faber ihn von dem Einsatz abziehen würde. So verzweifelt war er noch nicht.

Im Grunde hatte er also nur eine Option – er musste versuchen, sich allein bis nach Lhasa durchzuschlagen. Wenn er es bis zu einer größeren Straße schaffte, konnte er per Anhalter fahren oder zur allergrößten Not irgendwo ein Auto klauen. Auch wenn er sich das erneute Auftauchen der Männer nicht erklären konnte, war Nick davon überzeugt, dass die anderen rechtzeitig gewarnt worden waren und es geschafft hatten, den Terroristen zu entkommen. Wenn auf der weiteren Fahrt alles nach Plan lief, würden sie Lhasa gegen Mittag erreichen. Mit etwas Glück konnte er vielleicht sogar schon heute Abend wieder zu ihnen stoßen. Lhasa war immerhin die Hauptstadt Tibets – irgendwie würde er schon dort hinkommen.

Da der Pfad bereits seit einiger Zeit nicht mehr zu erkennen war, suchte Nick sich zwischen Gestrüpp und Felsen seinen eigenen Weg bergauf. Er kam nur mühsam voran, und zum wiederholten Male bemerkte er, wie schwer ihm die körperliche Anstrengung fiel. Er war vollkommen außer Atem, und trotz der frischen Temperaturen schwitzte er. Er blieb stehen, um kurz zu verschnaufen und sich zu orientieren.

»Bruno, hast du Zugriff auf Kartenmaterial aus der Gegend? Ich muss möglichst schnell zu einer großen Straße kommen.«

Es knackte in seinem Ohr, genau wie letzte Nacht auf dem Weg zum See, dieses Mal jedoch deutlich lauter und länger. Als Bruno antwortete, klang seine Stimme sonderbar blechern und abgehackt.

»Ich kann … Zugriff auf … Maßstab eins zu … Kilometer.«

»Kannst du das noch mal wiederholen? Ich habe nur die Hälfte verstanden«, sagte Nick. Er ahnte Schreckliches.

»… Karten von … zu geringe …« Dann knackte und knisterte es nur noch.

Das hatte keinen Sinn. Die Verbindung zu Bruno schien kurz davor zu sein, vollständig abzureißen. Ob es an der Höhe lag, dass er sein CBPI nur noch mit so wenig Energie versorgte? Wie auch immer – er musste ohne Bruno zurechtkommen. Die Straßenkarten waren bei Jack im Rucksack, also würde er sich ganz auf seinen Orientierungssinn verlassen müssen. Lhasa lag im Osten. Nick sah sich noch einmal um, prüfte den Stand der Sonne und machte sich auf den Weg.

KAPITEL 22

Das leise Klopfen an der Tür hatte Carol nur wie durch Watte wahrgenommen, genauso wie die hektischen, geflüsterten Worte einer Frau. Doch als Gyanzen plötzlich Licht machte und rief, dass Anhänger des COSA auf dem Weg zu ihnen waren und sie aufbrechen mussten, war sie mit einem Schlag hellwach. Woher kannten die Terroristen ihren Aufenthaltsort? Wer hatte sie verraten? Doch mit diesen Fragen konnte sie sich später beschäftigen. Jetzt mussten sie erst einmal zusehen, dass sie so schnell wie möglich verschwanden.

Auch die anderen hatten den Ernst der Lage erkannt. Rasch zogen sie sich an und verstauten ihre Sachen in den Rucksäcken. Carol sah sich um. Wo war eigentlich Nick? Ihr Blick fiel auf seinen halb geöffneten Schlafsack und auf seinen Rucksack, der neben dem Kopfende stand. Hatte er nicht schlafen können und war einen Augenblick vor die Tür gegangen? Aber dann hätte er längst merken müssen, welche Aufregung in der Hütte herrschte, und wäre zurückgekommen. Und wenn er weiter gegangen war als nur ein paar Schritte? Wenn er einen größeren Spaziergang unternommen hatte? Carol hatte mitbekommen, wie konsterniert

Nick aus dem Fenster des Vans gestarrt hatte. Ihr war auch nicht entgangen, dass er sich am Abend noch kurz mit Nyima unterhalten hatte. Und sie wusste, dass seine Mutter irgendwo hier in der Nähe gelebt hatte. Nick war doch nicht etwa … nein, so etwas Dummes würde er niemals tun. Oder doch?

»Hey, wo ist Nick?«, fragte Becca mit Blick auf den leeren Schlafsack.

Die anderen hielten mit dem Packen inne und sahen erst zu Becca, dann zu Nicks Schlafplatz. Schließlich richteten sich alle Blicke auf Carol.

»Ich weiß es auch nicht«, erwiderte sie. »Vielleicht ist er nur kurz frische Luft schnappen gegangen. Er ist bestimmt gleich wieder da.«

»Das wäre auch besser. Wir sollten nämlich so schnell wie möglich von hier verschwinden«, mahnte Jack.

Nachdem sie ihre wenigen Habseligkeiten in den Rucksäcken verstaut und ihre mittlerweile trockenen Schuhe angezogen hatten, war Nick immer noch nicht wieder aufgetaucht. Während Miles und Becca die Umgebung um die Hütte herum absuchten, versuchte Carol, zu Bruno Kontakt aufzunehmen. Doch Trinity kam nicht zu ihm durch. Kurz darauf kehrten Miles und Becca zurück und schüttelten nur bedauernd den Kopf. Sie hatten Nick nicht gefunden.

»Es nutzt nichts«, sagte Jack schließlich. »Wir können nicht länger warten. Wir fahren ohne Nick los.«

»Seit wann bestimmst du darüber, was wir tun?«, fragte Carol gereizt.

»Jack hat recht«, wandte Miles ein. »Wenn wir noch länger warten, bringen wir die gesamte Mission in Gefahr. Jangs Sicherheit geht vor!«

»Wir können ihn doch nicht einfach hier zurücklassen«, protestierte Carol.

»Nick kommt schon zurecht«, entgegnete Jack. »Los, verschwinden wir von hier.«

Ohne Carol eine Gelegenheit zu einer Antwort zu geben, nickte Jack Gyanzen auffordernd zu und verließ die Hütte. Gyanzen drückte Nyima zum Abschied noch rasch einen Kuss auf die Stirn, dann folgte er Jack. Kurz darauf saßen sie alle wieder im Van, und Gyanzen lenkte den Wagen zwischen den Hütten hindurch Richtung Straße. Carol glaubte, hinter einigen Fenstern Gestalten zu erkennen, was bei dem Lärm, den der Van mitten in der Nacht in dem kleinen Dörfchen machte, auch nicht verwunderlich war. An der Zufahrtsstraße bog Gyanzen nicht nach rechts ab in Richtung Nationalstraße, die auf direktem Weg nach Lhasa führte. Stattdessen lenkte er den Wagen nach links, wo sich die kleine Straße in engen Kurven weiter in die Berge schlängelte. Noch ein Vorteil an dieser ungewöhnlichen Route – sie war weniger vorhersehbar für eventuelle Verfolger.

»Kannst du uns nochmal in Ruhe erklären, was eigentlich genau geschehen ist?«, fragte Becca. »Es ging alles so schnell vorhin. Wer genau war diese Frau eigentlich?«

»Eine Nachbarin von Nyima«, sagte Gyanzen. »Ihr Mann sympathisiert offenbar mit dem COSA, und sie hat mitbekommen, wie er jemanden von ihnen kontaktiert und von unserer Ankunft im Dorf erzählt hat. Offenbar teilt sie seine politischen Ansichten nicht. Jedenfalls hat sie sich nachts rausgeschlichen, um uns zu warnen.«

»Interessant«, sagte Jack. »Und genau in dem Moment, wo wir an die Terroristen verraten werden, verschwindet Nick. Seltsamer Zufall.«

Carol glaubte, sich verhört zu haben. »Das ist jetzt nicht dein Ernst, oder?«, fragte sie mit schneidender Stimme. »Behauptest du etwa, dass Nick etwas damit zu tun hat?«

»Ich behaupte gar nichts. Ich sage nur, was mir aufgefallen ist.«

Carol schnaubte. »Du spinnst wohl.«

»Na, na«, sagte Miles beschwichtigend. Nach einer kurzen Pause fügte er ein wenig kleinlaut hinzu: »Ich will mich jetzt nicht unbeliebt machen, aber ein bisschen merkwürdig finde ich die Sache auch.«

Carol schüttelte den Kopf. »So etwas würde Nick niemals tun. Niemals!«, entgegnete sie bestimmt.

»Manchmal tun Menschen die verrücktesten Dinge«, murmelte Jack.

»Ich kann mir das ehrlich gesagt auch nicht vorstellen«, sagte Becca. »Aber wohin ist er dann verschwunden?«

Carol zögerte. Doch dann beschloss sie, den anderen von ihrem Verdacht zu erzählen. Sollten sie Nick lieber für unprofessionell halten als für einen Verräter.

»Seine Mutter ist irgendwo hier in der Gegend aufgewachsen«, sagte sie. »Als er vor einigen Jahren mit seinem Vater durch Tibet gereist ist, konnten sie den Ort nicht besuchen, weil ein Erdbeben den Weg dorthin zerstört hatte. Ich vermute, dass er diesen Besuch heute Nacht nachholen wollte.«

»Ohne jemandem Bescheid zu sagen?«, fragte Becca ungläubig.

Carol zuckte mit den Schultern. »Sieht ganz so aus.«

Die anderen schwiegen eine Weile, als müssten sie Carols Worte erst verarbeiten. Dann sagte Miles: »Wenn das stimmt, dann ist Nick ein riesengroßer Idiot.«

»In diesem Fall gebe ich dir voll und ganz recht«, erwiderte Carol.

Seit etwa einer Stunde waren sie nun schon unterwegs. Die Straße schraubte sich in engen Serpentinen den Berg hinauf und schlängelte sich immer weiter in eine einsame, felsige Landschaft hinein. Die Umgebung schien wie ausgestorben – weder sahen sie irgendwelche Häuser entlang der Straße, noch begegnete ihnen ein anderes Auto. Es wurde langsam hell vor den Fenstern des Vans, und Carol erkannte, dass sie das Hochgebirge erreicht hatten. Die Baumgrenze lag bereits seit einer Weile hinter ihnen, und die vereinzelten Schneefelder neben der Fahrbahn hatten sich in eine geschlossene Schneedecke verwandelt. Die Straße selbst war zum Glück problemlos befahrbar.

Das sollte sich jedoch sehr bald ändern. Hinter der nächsten Kurve stieß Gyanzen einen Fluch aus, trat auf die Bremse und brachte das Auto zum Stehen. Carol duckte sich, um zwischen den Sitzen etwas durch die Windschutzscheibe zu sehen. Sie blickte auf eine etwa drei Meter hohe weiße Wand, die sich wenige Meter vor ihnen auftürmte und den Weg versperrte. Offenbar war erst vor Kurzem eine Lawine oberhalb der Straße abgegangen und hatte wahre Schneemassen auf die Fahrbahn rutschen lassen.

»Das darf doch nicht wahr sein«, stöhnte sie. »Ausgerechnet jetzt!«

»So ein Mist«, fluchte auch Becca. »Was machen wir denn jetzt?«

»Am besten steigen wir aus und sehen uns die Sache mal an«, schlug Jack vor.

Es war kalt, und sie zogen rasch ihre Jacken über, bevor sie die wenigen Meter zu der Wand aus Schnee hinübergingen. Carol legte eine Hand auf die weiße Masse. Überrascht untersuchte sie noch einige andere Stellen, mit dem gleichen Ergebnis: Obwohl der Schnee vollkommen unberührt und weich wirkte, hatte der Lawinenabgang ihn hart wie ein Brett werden lassen.

Auch Miles klopfte gegen den Schnee. »Keine Chance«, sagte er dann. »Um das Zeug hier wegzuschaffen, braucht man einen Bagger.«

»Also können wir nur umkehren und hoffen, dass uns niemand gefolgt ist«, meinte Carol. Die anderen nickten zustimmend. Ihnen blieb gar keine andere Wahl. Sie wollte gerade zum Van zurückgehen, als sie am Rande ihres Blickfeldes eine Bewegung wahrnahm. Blitzschnell wandte sie sich um, doch es war bereits zu spät. Auch die anderen hatten es bemerkt – und erstarrten vor Schreck.

Auf den Felsen über ihnen waren mehrere Gestalten erschienen. Carol zählte fünf oder sechs Männer in dunklen Parkas. Ihre Gesichter konnte sie nicht erkennen, denn sie wurden von schwarz glänzenden Maschinenpistolen verdeckt, mit denen sie auf die Agenten zielten. Noch bevor Carol oder die anderen reagieren konnten, hörten sie ein Motorengeräusch. Kurz darauf bog ein großer dunkler Geländewagen um die Kurve und versperrte ihnen den Fluchtweg. Sie saßen in der Falle.

Instinktiv rückten sie zusammen und nahmen Jang und Gyanzen in ihre Mitte, um sie vor den Angreifern abzuschirmen.

Die Türen des SUVs öffneten sich. Vier weitere dunkel gekleidete Männer stiegen aus und kamen auf sie zu. Der größte von ihnen, ein grobschlächtiger, breitschultriger Asiate, baute sich vor ihnen auf und bellte: »Auf die Knie und Hände über den Kopf.«

Die Agenten rührten sich nicht. Stattdessen rief Jack: »Was wollt ihr von uns?«

»Von euch? Gar nichts«, erwiderte der Mann. »Uns interessiert nur der Junge. Gebt ihn uns, und es wird niemandem etwas geschehen.«

»Glaubt ihr allen Ernstes, wir würden ihn euch einfach so aushändigen?«, fragte Miles.

»Allerdings. Zumindest, wenn ihr die Sache hier überleben wollt.«

Aus den Augenwinkeln sah Carol, wie Becca neben ihr unruhig zu zappeln begann. Auch Jack schien es zu merken und die richtigen Schlüsse daraus zu ziehen. »Nicht, Becca«, wisperte er. »Es sind zu viele. Du kannst sie nicht alle schnell genug entwaffnen.«

Becca trat einen Schritt nach vorn und ballte die Hände zu Fäusten. Carol konnte fast körperlich spüren, wie sehr sie mit sich rang, ob sie einen Angriff wagen sollte.

Die Entscheidung wurde ihr abgenommen. Der Anführer gab ein kaum wahrnehmbares Zeichen, woraufhin einer der Männer mit zwei schnellen Schritten bei Becca war und ihr etwas in die Seite rammte. Es blitzte und knisterte kurz, dann brach Becca mit einem schmerzerfüllten Aufschrei zusammen. Der Mann trat zurück neben seinen Anführer und steckte den Taser, mit dem er Becca außer Gefecht gesetzt hatte, mit einem boshaften Grinsen wieder in die Jackentasche.

Das Nächste geschah so schnell, dass Carol sich hinterher fragte, ob sie überhaupt eine Chance gehabt hätte, es zu verhindern, selbst wenn sie nicht von der vollkommen benommen am Boden liegenden Becca abgelenkt gewesen wäre. Gyanzen brüllte auf und stürzte an ihr vorbei auf den Anführer zu. Mit eisigem Entsetzen sah Carol, dass er eine Waffe in der Hand hielt und damit auf die Männer zielte. Sie wollte ihn aufhalten, wollte ihm zurufen, die Waffe runterzunehmen, aber es war zu spät. Ein Schuss krachte durch die Luft, und Gyanzen brach mitten im Lauf zusammen. Die Waffe war ihm aus der Hand gefallen und bis vor die Füße des Anführers geschlittert. Blut quoll unter seinem Oberschenkel hervor und färbte den Asphalt rot.

Wie betäubt starrten die Agenten zu Gyanzen, als könnten sie nicht begreifen, was gerade geschehen war. Jang war der Erste, der sich aus der Starre löste. Er schluchzte laut auf und wollte zu ihrem vor Schmerzen wimmernden Fahrer laufen, doch Carol hielt ihn zurück.

Mit einer lässigen Bewegung bückte sich der Anführer, hob Gyanzens Waffe auf und steckte sie ein. Dann fragte er in höhnischem Tonfall: »Sonst noch jemand?«

In Carol explodierten die verschiedensten Gefühle. Wut mischte sich mit Entsetzen, und sie musste sich beherrschen, um nicht die Fassung zu verlieren. Aber so schwer es ihr auch fiel, sie durfte sich jetzt nicht von ihren Gefühlen leiten lassen. Sie war dazu ausgebildet worden, mit solch einer Situation umzugehen. Auch die anderen sahen mit versteinerter, aber entschlossener Miene den Angreifern entgegen. Selbst Becca rappelte sich mühsam wieder auf. Allen war bewusst, dass sie sich keinen Fehler mehr erlauben durften.

»Ihr habt die Wahl«, fuhr der Mann mit schneidender Stimme fort. »Gebt uns den Jungen, und wir lassen euch am Leben. Wehrt euch, und wir knallen euch einen nach dem anderen ab. Eure Entscheidung.«

Carol spürte, wie Jang versuchte, die Hand abzustreifen, mit der sie ihn immer noch festhielt. »Das kann ich nicht zulassen, Jang«, sagte sie.

»Ich weiß, dass ihr gelobt habt, mich mit eurem Leben zu beschützen«, erwiderte er. »Aber meinetwegen soll nicht noch mehr Blut vergossen werden.« Er wollte sich zum Gehen wenden, aber Carol hielt ihn weiter fest.

»Das ist doch Wahnsinn«, sagte Miles. »Wir können dich nicht einfach ins Verderben rennen lassen.«

»Tu das nicht, Jang«, flehte auch Becca. Ihre Stimme zitterte leicht. »Sie werden dich umbringen.«

»Keine Angst«, erwiderte Jang und deutete ein Lächeln an. »Das werden sie nicht.«

»Woher willst du das wissen?«, raunte Carol. »Sie haben doch gerade bewiesen, wie skrupellos sie sind.«

Es war Jack, der schließlich die Entscheidung brachte. »Wir haben keine andere Wahl. Wir müssen ihn gehen lassen. Die Typen meinen es ernst. Und wir haben keine Möglichkeit, uns gegen sie zur Wehr zu setzen.«

»Ihr habt noch dreißig Sekunden«, rief der Anführer in diesem Moment zu ihnen herüber. »Dann muss der Erste dran glauben.«

Jang sah Carol an. In seinem Blick spiegelten sich Trauer und Gefasstheit, aber keine Angst. »Jack hat recht«, sagte er. »Hab Vertrauen. Sie werden mir nichts tun.«

Carol schluckte. Sie zog Jang in eine stumme Umarmung, unfähig, etwas darauf zu erwidern. Dann löste sie sich langsam von ihm, obwohl sich alles in ihr dagegen wehrte. Sie durfte Jang nicht gehen lassen, wollte ihn zurückreißen, wollte ihn vor dem bewahren, was die Männer ihm vermutlich antun würden. Gegen jede Vernunft ließ sie die Arme sinken und sah hilflos mit an, wie Jang ihnen noch ein letztes Mal zunickte, sich dann umdrehte und langsam auf die Männer zuging.

Kaum hatte er sie erreicht, zog einer der Männer ein Funkgerät aus der Tasche und sprach hinein. »Wir haben ihn.« Für ein oder zwei Minuten standen sie sich schweigend gegenüber, ohne dass etwas geschah. Nur Gyanzens leises Wimmern war zu hören.

Dann erklang plötzlich ein entferntes Summen, das rasch lauter wurde und schließlich zu einem donnernden Röhren anschwoll. Kurz darauf erschien ein Hubschrauber hinter der Bergkuppe.

Der Helikopter sank so tief, dass Carol schon befürchtete, er würde versuchen, auf der schmalen Bergstraße zu landen. Doch dann blieb er etwa zwanzig Meter über ihnen in der Luft stehen. Ein Mann erschien in der offenen Tür und ließ sich an einem Seil, das an einer Winde herabgelassen wurde, zu ihnen hinunter. Er schnallte Jang mit einer kompliziert aussehenden Vorrichtung an seinen Tragegurt und gab ein Zeichen nach oben, woraufhin das Seil wieder hochgezogen wurde. Während Jang mit dem Mann zusammen zum Hubschrauber nach oben gezogen wurde, trat der Mann mit dem Funkgerät zu seinem Anführer und sagte etwas, das Carol aufgrund des lauten Rotorengeräuschs nicht verstand. Sie diskutierten kurz miteinander, dann sprach der Mann erneut ins Funkgerät. Kaum war Jang im Inneren der Maschine verschwunden, wurde das Seil erneut nach unten gelassen. Zwei der Angreifer zerrten den halb bewusstlosen Gyanzen zu der Vorrichtung und befestigten ihn daran. Dann wurde auch er zum Hubschrauber nach oben gezogen. Kurz darauf drehte die Maschine ab und war schon bald nicht mehr zu sehen.

»Wunderbar«, sagte der Anführer mit einem Lächeln. »Und nun zu euch. Wir machen jetzt eine kleine Reise zusammen.«

»Was soll das?«, fragte Jack patzig. »Sie wollten uns laufen lassen, sobald Sie den Jungen in Ihrer Gewalt haben.«

»Ich wollte euch *am Leben* lassen. Das ist ein gewaltiger Unterschied, Kleiner«, sagte der Anführer. Dann stutzte er. »Warum seid ihr nur zu viert? Es war von fünf Agenten die Rede. Wo ist euer fünfter Mann?«

Carol versuchte, so gelassen wie möglich auszusehen. In Wahrheit rasten ihre Gedanken. Wohin hatten sie Jang und Gyanzen gebracht? Woher wusste der Typ so gut über sie Bescheid? Er durfte unter gar keinen Umständen erfahren, wo sich Nick befand. Denn Nick war jetzt ihre einzige Chance, heil hier herauszukommen.

Auch die anderen schwiegen und starrten mit unbewegten Mienen zu Boden. Als der Anführer einen Schritt nach vorn trat und demonstrativ seine Waffe entsicherte, sagte Jack: »Er war schon verschwunden, als wir heute Nacht aufgebrochen sind.«

»Jack, nicht!«, zischte Carol.

»Wo war das?«, fragte der Anführer barsch.

»In einem Dorf in der Nähe eines Sees, etwa eine Stunde Richtung Tal. Mehr wissen wir auch nicht.«

»Verdammt, Jack, was soll das?« Carol wäre Jack am liebsten an die Gurgel gesprungen. Was dachte er sich bloß dabei? Kapierte er nicht, in welche Gefahr er Nick brachte? Und dass er ihnen damit die letzte Chance nahm, gerettet zu werden? Sie warf Jack einen bitterbösen Blick zu, den dieser jedoch geflissentlich ignorierte.

»Soso, ein Fahnenflüchtiger, wie?«, sagte der Anführer. »Aber den finden wir schon. Und jetzt Abmarsch.« Er gab seinen Männern ein Zeichen, die daraufhin auf die vier Agenten zugingen. Bevor Carol begriff, was geschah, bekam sie einen Sack aus dunklem Stoff über den Kopf gestülpt, durch den sie zwar Luft holen, aber nichts mehr sehen konnte. Man fesselte ihr die Hände auf den Rücken, dann wurde sie an der Schulter gepackt und vorwärtsgezogen. Sie hörte das Geräusch mehrerer Autos, die heranfuhren und mit laufendem Motor stehen blieben. Autotüren wurden geöffnet, und schließlich stieß man sie grob ins Wageninnere. Den Geräuschen nach zu urteilen erging es den anderen genauso, nur dass sie offenbar in verschiedene Autos hineingetrieben wurden. Kaum waren die Türen zugeschlagen worden, wendete der Wagen und fuhr die Straße zurück, die sie gekommen waren. In Carols Kopf drehte sich alles. Viel zu viel war in den letzten Minuten geschehen. Doch schon bald formten sich zwei Gedanken heraus, die alle anderen verdrängten. Hoffentlich ließen die Männer Jang am Leben. Und hoffentlich schaffte es Nick, den Typen zu entkommen.

KAPITEL 23

Nick war nun schon seit mehreren Stunden unterwegs. In Richtung Osten ließ ihm das Gelände gar keine andere Wahl, als stetig weiter bergauf zu laufen. Er war außer Atem, seine Beine fühlten sich an wie aus Blei und selbst die Pausen, die er einlegte, halfen nicht, seine zunehmende Erschöpfung zu lindern. Je höher er stieg, desto kälter und windiger wurde es. An einigen schattigen Stellen lag Schnee.

Nachdem er eine etwa zwei Meter tiefe Felsspalte übersprungen hatte, blieb Nick stehen und stützte die Hände auf die Knie. Er fühlte sich so erledigt wie nach einem Marathon. Außerdem verspürte er seit Kurzem ein dumpfes Pochen hinter den Schläfen. Er sah auf und entdeckte ein Stück über ihm einen flachen, breiten Felsen. Da in diesem Moment die Sonne zwischen den Wolken hindurchbrach, beschloss er, eine weitere Pause einzulegen.

Er ließ sich auf den Stein plumpsen und setzte den Rucksack ab. Bei seinem überstürzten Aufbruch hatte er keine Chance gehabt, etwas zu essen oder zu trinken einzupacken. Sein Hunger hielt sich in Grenzen, aber der Durst wurde von Minute zu Minute unerträglicher. Irgendwie hatte Nick sich das Ganze einfacher vorgestellt. Ihm wäre niemals in den Sinn gekommen, dass die tibetische Bergwelt ihn derart im Griff haben würde.

In einer Senke neben dem Felsen hatte sich etwas Schnee gesammelt. Nick kletterte zu dem Schneefeld, nahm eine Handvoll von der harschen, eisigen Masse und steckte sie sich in den Mund. Der Schnee prickelte so kalt auf der Zunge, dass Nick das Gesicht verzog, doch zumindest löschte es seinen größten Durst.

Er kraxelte wieder zu seinem Sitzplatz zurück und hielt, wie schon so oft in den letzten Stunden, konzentriert Ausschau nach möglichen Verfolgern. Außer Felsen und Geröll konnte er jedoch nichts entdecken. Nur ein Schwarm Vögel deutete an, dass neben ihm noch andere Lebewesen in dieser steinigen Landschaft existierten. Gedankenverloren sah er den Vögeln eine Weile zu, die nach einem komplizierten, nicht nachvollziehbaren Muster ihre Kreise am Himmel zogen. Schließlich drehten alle außer einem ab, der weiter geradeaus flog. Immerhin, dachte Nick, hatte man in dieser felsigen Einöde keine Chance, sich einen Vorteil durch motorisierte Gefährte zu verschaffen. Eventuelle Verfolger konnten ihm ausschließlich zu Fuß nachsetzen. Und vielleicht hatte er sich einen solchen Vorsprung herausgearbeitet, dass sie die Suche bereits aufgegeben hatten – falls sie ihm überhaupt hinterhergekommen waren.

Der einzelne Vogel war immer noch da. Je länger Nick ihn beobachtete, desto seltsamer kam er ihm vor. Irgendetwas stimmte nicht mit ihm, doch Nick vermochte nicht auf Anhieb zu sagen, was es war. Er schirmte die Hand gegen die

Sonne ab und betrachtete den Vogel genauer. Seine Flugbahn war merkwürdig. Sehr geradlinig, mit ruckartigen, fast schon nervösen Zuckungen nach links oder rechts. Außerdem war da dieses komische Geräusch, das er nicht richtig einordnen konnte.

Er hätte gern Bruno um Rat gefragt, doch der Kontakt zu seinem CBPI war inzwischen vollkommen zusammengebrochen. Der Vogel flog ziemlich genau auf ihn zu, und das sirrende Geräusch wurde beständig lauter. Plötzlich fiel es Nick wie Schuppen von den Augen. Das war gar kein Vogel – das war eine Drohne! Und er ging jede Wette ein, dass sie nach ihm suchte. Was war er doch für ein ausgemachter Vollidiot! Hatte ihm die Höhenluft jetzt vollkommen die Sinne vernebelt? Da saß er gemütlich hier herum und machte einen auf Vogelbeobachter, während eine Drohne Kurs auf ihn nahm.

Er schnappte sich seinen Rucksack und rannte los. Wenn die Kamera ihn erfasste, war seine Flucht umsonst gewesen. Dann würde die Drohne seinen Standort an seine Verfolger weitergeben, die ihn dann in Empfang nehmen würden, wo auch immer ihn die Berge wieder ausspuckten.

Nick lief, so schnell er konnte. Er musste irgendwo in Deckung gehen, doch außer Felsen und Geröll sah er nichts, was sich als Versteck eignete. Jetzt wäre es hilfreich gewesen, wenn er hätte springen können, aber offenbar funktionierte das genauso wenig wie Bruno.

Der Untergrund wurde immer steiler und unebener. Nick stolperte mehrmals oder rutschte aus. Schnee bedeckte nun weite Teile der Felsen und der eisige Wind ließ Nick trotz der dicken Daunenjacke zittern vor Kälte. Unbeirrt schleppte er sich vorwärts. Die Muskeln in seinen Beinen protestierten heftig, seine Lungen brannten. Immer wieder warf er einen Blick zurück und bemerkte, dass die Drohne Stück für Stück näher kam, dabei aber weiterhin kurz nach links oder rechts schwenkte, als suche sie etwas. Offenbar hatte sie ihn noch nicht entdeckt. Nick mobilisierte all seine Kräfte. Weiter. Er musste weiter! Ein Stück über ihm erkannte er einen Grat, hinter dem es bergab ging. Vielleicht hatte er dort die Möglichkeit, der Drohne zu entkommen. Jeder Schritt bergauf wurde zur Qual. Er spürte seine Beine kaum noch, die Kopfschmerzen wurden immer schlimmer. Hinter seinen Augen erschienen dunkle Punkte, die ihm die Sicht nahmen. Vollkommen außer Atem erreichte er schließlich den Gebirgsgrat. Auf der anderen Seite fiel der Hang einige Hundert Meter bergab und mündete in einer Art grüner Hochebene, die übersät war mit Dutzenden runder weißer Steine. Auch einen Bach glaubte Nick zu erkennen. Doch die Hochebene hätte genauso gut hundert Kilometer entfernt sein können – sie war unerreichbar für ihn. Nicks Kraft war erschöpft.

Wie durch dichten Nebel nahm er eine Felsformation wahr, die sich nur wenige Meter unter ihm am Abhang befand und die so aussah, als könne sie ihm Schutz bieten. Während er darauf zu stolperte, merkte er, wie ihm langsam schwarz vor Augen wurde. Mit letzter Kraft schleppte er sich zu den Felsen, die tatsächlich eine Art niedriges Dach bildeten. Wenn er sich darunter versteckte, würde er aus der Luft nicht zu sehen sein. Er taumelte in den rettenden Unterschlupf. Dann gaben seine Beine nach und er brach zitternd zusammen. Das leise Sirren, das sich kurz darauf näherte und schließlich über ihn hinweg ins Tal zog, hörte er nicht mehr. Er dachte nur noch, wie kalt ihm war. Dann verlor er endgültig das Bewusstsein.

KAPITEL 24

Für ein paar Sekunden kehrte sein Bewusstsein zurück. Doch was er wahrnahm, ergab keinen Sinn. Er lag auf dem Rücken und schaukelte sanft hin und her, als treibe er im Meer. Hatte Tibet überhaupt ein Meer? Es fiel ihm schwer, einen klaren Gedanken zu fassen. Kaum hatte er sich auf einen konzentriert, entschlüpfte er ihm gleich wieder wie sich verflüchtigender Nebel. Er versuchte, sich zu bewegen, doch seine Glieder waren schwer wie Blei. Sogar die Augenlider vermochte er nur unter Aufbietung all seiner Kräfte zu öffnen. War es wirklich dunkel um ihn herum, oder stimmte etwas mit seinen Augen nicht? Im Meer trieb er jedenfalls nicht. Es erinnerte ihn eher an … einen Berg. Einen Berg, den er in seichten Wellenbewegungen hinabglitt. Und war da nicht auch ein Vogel gewesen? Ein sirrender Vogel … Um ihn begann sich ein Mantel aus behaglicher Schwärze auszubreiten. Er gab es auf, den hin und her huschenden Gedanken nachzujagen, und ließ sich dankbar darin einhüllen.

KAPITEL 25

Warm. Das war Nicks erster Gedanke, als seine Sinne zurückkehrten. Langsam begann sich der Nebel aus seinem Kopf zu verziehen. Er hörte ein leises Knistern. Und da waren auch Stimmen, die sich gedämpft unterhielten. Flatternd hoben sich seine Augenlider. Er blickte für einen Moment reglos an die niedrige Decke, dann wandte er den Kopf ein Stück zur Seite. Er lag auf einem Bett aus Decken und Fellen in einem großen schwarzen Zelt. Soweit er es erkennen konnte, war er allein. Die Stimmen, die er hörte, schienen von draußen zu kommen. Vorsichtig richtete er sich auf. Kurz verschleierten wieder die dunklen Punkte seinen Blick, verschwanden aber ebenso schnell, wie sie gekommen waren. Das Pochen hinter seinen Schläfen blieb, war jedoch so schwach, dass Nick beschloss, es zu ignorieren.

In der Mitte des Zeltes brannte ein niedriges Feuer über einer Kochstelle und verströmte angenehme Wärme. Der Rauch zog nur teilweise durch eine kleine Öffnung im Zeltdach ab. Ein Großteil waberte durch die Luft und machte sie diesig und schwer. Nick sah sich um. Der Innenraum war vielleicht zehn Quadratmeter groß und einfach, aber gemütlich eingerichtet. Auf dem Boden lagen Teppiche und

Kissen, am Rand gab es einen niedrigen Tisch mit Krügen und Schüsseln, daneben stand eine mit kunstvollen Schnitzereien verzierte Truhe. Auf einem Regal voller Geschirr entdeckte Nick ein altersschwaches Radio. Obwohl er noch nicht verstand, wie er hierhergekommen war und vor allem, wer ihn hierhergebracht hatte, war er sich doch sicher, dass er sich nicht in einem Unterschlupf der Terroristen befand. Die Tatsache, dass er nicht gefesselt war, bestärkte ihn in seiner Vermutung.

Gerade als er die Decken beiseiteschob, um aufzustehen, betrat eine Frau in einem langen dunklen Gewand und einer verblichenen Schürze das Zelt. Nick schätzte sie auf etwa achtzig Jahre, doch er mochte sich täuschen. Tiefe Falten hatten sich in ihr wettergegerbtes Gesicht gegraben und ließen sie vermutlich älter wirken, als sie war.

Als die Frau sah, dass Nick wach war, rief sie jemandem vor dem Zelt aufgeregt etwas zu. Dann eilte sie zu ihm und drückte ihn sanft, aber entschlossen und begleitet von einem tibetischen Redeschwall wieder zurück in die Felle.

Nick ließ es geschehen, war sich aber auch gar nicht so sicher, ob er überhaupt die Kraft gehabt hätte, sich gegen die Frau zur Wehr zu setzen. Nachdem sie ihn wieder zugedeckt hatte, ging sie zur Feuerstelle, über der ein Kessel an einem Dreibein hing. Mit einem Schöpflöffel füllte sie eine dampfende Flüssigkeit in einen Becher, brachte ihn Nick und bedeutete ihm, zu trinken. Nick gehorchte. Angewidert registrierte er, dass es sich um Buttertee handelte, doch nach ein paar vorsichtigen Schlucken stellte er fest, dass er gar nicht so schlecht schmeckte. Wahrscheinlich würde er in seinem entkräfteten Zustand an allem halbwegs Nahrhaften Geschmack finden.

Eine zweite, deutlich jüngere Frau betrat das Zelt, gefolgt von zwei kleinen Kindern. Die beiden Kinder betrachteten Nick neugierig und wären gerne näher zu ihm gekommen, doch ihre Mutter hielt sie zurück und setzte sich mit ihnen auf die gegenüberliegende Seite der Feuerstelle. Sie schien ihn zwar nicht für eine konkrete Bedrohung zu halten, aber hundertprozentig vertrauen tat sie ihm auch nicht. Immerhin lächelte sie ihm freundlich zu.

Als Nick einen weiteren Versuch startete, sich aufzusetzen, hinderte die alte Frau ihn nicht mehr daran. Stattdessen füllte sie seinen Becher erneut mit Buttertee und redete dabei ununterbrochen auf ihn ein, auch wenn ihr aufgrund von Nicks hilflosem Gesichtsausdruck bewusst sein musste, dass er kein Wort verstand.

Leise murmelte Nick: »Bruno?« Doch wie befürchtet blieb es still in seinem Ohr. Jetzt hatte er also nur noch die Möglichkeit, sich mit Händen und Füßen zu verständigen. Er zeigte auf sich und sagte: »Nick.« Dann zeigte er mit einem fragenden Blick auf die alte Frau, die seinen Blick zunächst nur verwirrt erwiderte. Als Nick die Geste wiederholte, hellte sich ihr Gesicht plötzlich auf. Sie deutete auf sich und sagte: »Ashna.«

Nick lächelte, dann zeigte er fragend auf die jüngere Frau. Auch sie hatte verstanden. »Faiza«, sagte sie und stellte ihre beiden Kinder mit Jonna und Dondup vor.

Nick überlegte, wie er seine nächste Frage kommunizieren sollte. Er wollte wissen, wie er hierhergekommen war. Schließlich zeigte er auf sich, dann auf das Lager aus Fellen und zog fragend Schultern und Augenbrauen hoch. Die beiden Frauen berieten sich kurz, schienen ihn aber verstanden zu haben, denn sie bedeuteten ihm, mitzukommen. Auf wackeligen Beinen folgte Nick ihnen nach draußen. Vor dem Zelt erstreckte sich eine weite, karge, von spärlichem Gras bewachsene Ebene. Ein paar Meter entfernt hörte er das Plätschern eines Bachs. Es schien die gleiche Ebene zu sein, die er von dem Gebirgsgrat aus gesehen hatte. Nur die weißen Steine fehlten. Die Sonne stand bereits recht tief, es war also schon später Nachmittag. Hatte er so lange geschlafen? Damit erübrigte sich die Frage, ob er heute noch weitergehen sollte. Sosehr es ihn auch drängte, es hatte keinen Sinn, so kurz vor Anbruch der Nacht wieder loszumarschieren. Mal ganz davon abgesehen, dass er körperlich überhaupt nicht in der Lage dazu war. Die kleinste Anstrengung brachte ihn aus der Puste, und seine Beine fühlten sich an wie Pudding. Er musste also wohl oder übel darauf hoffen, eine weitere Nacht die Gastfreundschaft der Nomadenfamilie genießen zu dürfen. Denn Nick war sich ziemlich sicher, dass es sich bei den Frauen um Nomaden handelte.

Ashna berührte Nick am Arm und führte ihn um das Zelt herum. An einer der Stangen waren die allgegenwärtigen Gebetsfahnen befestigt, die schon ziemlich verschlissen aussahen und munter im Wind flatterten. Ein Stück neben dem Zelt standen zwei weitere, ebenfalls schwarze Zelte. Offenbar lebten mehrere Familien hier zusammen. Schließlich deutete Ashna den Berg hinauf, redete dabei ununterbrochen und gestikulierte wild. Nick verstand nicht gleich, was sie ihm mitteilen wollte, doch dann meinte er, hoch oben an dem Hang die Felsformation wiederzuerkennen, unter der er sich versteckt hatte.

Als die alte Frau sich umdrehte und auf eine aus Stöcken und Tierhäuten improvisierte Bahre zeigte, die hinter einem der Zelte lag, ergab plötzlich alles einen Sinn – auch das, was er in seinem kurzen Erwachen zusammenfantasiert hatte. Die Nomaden hatten ihn gefunden und den steilen, mit Geröll übersäten Abhang hinuntergetragen. Nick zeigte Ashna, dass er verstanden hatte, legte die Hände zusammen und verneigte sich, um ihr zu danken. Wenn die Nomaden ihn nicht ins warme Zelt gebracht hätten, wäre er dort oben vermutlich jämmerlich erfroren. Auch jetzt fröstelte Nick wieder. Sobald die Sonne vollständig untergegangen war, würde es auf der Ebene mit Sicherheit bitterkalt werden.

Ashna bemerkte, dass er fror, und deutete zurück auf das Zelt. Nick nickte dankbar. In diesem Augenblick fiel sein Blick auf das andere Ende der Ebene, wo sich etwas überaus Kurioses ereignete. Über einen Hügel rollten die weißen Steine heran, die er tags zuvor gesehen hatte – erst wenige, dann immer mehr, bis es schließlich an die hundert sein mussten. Die meisten waren eher schmutzig-grau als weiß, einige hatten dunkle Flecken, außerdem wirkten sie seltsam … struppig. Und sie meckerten.

Nick hätte beinahe laut aufgelacht. Was er in seinem erschöpften, an der Grenze zum Delirium befindlichen Zustand für Steine gehalten hatte, war in Wahrheit eine Herde Ziegen! Sie kehrten offenbar gerade von einem anderen Weideplatz zurück und wurden von drei Männern und zwei Hütehunden in Richtung Lager getrieben. Nachdem sie die Zelte erreicht hatten, beobachtete Nick fasziniert, wie die Männer mit geübten Handgriffen einen aus Stangen und Planen improvisierten Windfang errichteten. Kaum war die Umzäunung fertig, liefen die Ziegen von selbst hinein, dankbar, dass sie dort vor den eisigen Nachtwinden geschützt sein würden.

Als die Männer Nick bemerkten, freuten sie sich offenkundig darüber, ihn auf den Beinen zu sehen. Nachdem sie ein paar Worte mit Ashna und Faiza gewechselt hatten, bedeuteten sie Nick, mit ihnen ins Zelt zu kommen. Nick folgte ihnen, blieb aber kurz vor dem Eingang noch einmal stehen. Obwohl er sich keine große Hoffnung machte, startete er einen erneuten Versuch. »Bruno?«, fragte er leise. Keine Antwort. Kein Rauschen, kein Knacken. Nichts. Nick seufzte. Er konnte nur hoffen, dass Bruno keinen bleibenden Schaden erlitten hatte und sich die Verbindung wieder aufbauen würde, sobald die Energieversorgung stabil war. Bis dahin würde er ohne sein CBPI zurechtkommen müssen. Eine Windböe fuhr in Nicks Jacke und erinnerte ihn wieder daran, wie kalt ihm war. Schaudernd zog er den Kopf zwischen die Schultern und folgte den Nomaden ins Zelt.

Während draußen der Wind immer heftiger um das Zelt heulte, saßen sie in einem Kreis um die gemütliche Feuerstelle. Nick hielt eine Schüssel mit einem undefinierbaren Eintopf in der Hand, der ganz ausgezeichnet schmeckte. Nachdem er seine Schale geleert hatte, fühlte er sich angenehm satt und schläfrig. Er lehnte sich an die mit Häuten verstärkte Zeltwand und beobachtete, wie sich die Nomadenfamilie angeregt über den Tag austauschte. Jonna und Dondup, die beiden Kinder, sahen immer wieder interessiert zu ihm hinüber, trauten sich aber nicht, näher zu kommen und versteckten sich rasch hinter dem Rücken ihrer Mutter, sobald er ihnen zulächelte. Und auch die Erwachsenen hatten – zumindest für den Moment – den Versuch aufgegeben, sich mit ihm zu unterhalten. Nick war im Grunde ganz dankbar dafür. So hatte er Gelegenheit, seinen eigenen Gedanken nachzuhängen. Er fragte sich, ob Carol und die anderen inzwischen in Lhasa angekommen waren. Und er machte sich Sorgen um Nyima. Hoffentlich hatten die Männer sie nicht weiter bedrängt oder ihr gar noch mehr Gewalt angetan, nachdem sie ihn nicht gefunden hatten.

Ihm fiel auf, dass einer der Nomaden – sein Name war Tenzing, wenn er es richtig verstanden hatte – immer wieder verstohlen Nicks Daunenjacke betrachtete, die er neben dem Zelteingang abgelegt hatte. Als er sah, dass Nick seine Blicke bemerkt hatte, deutete er mit einer fragenden Geste auf die Jacke. Als Nick einwilligte, stand er auf, nahm die Jacke und brachte sie zurück an die Feuerstelle. Er drehte und wendete sie, bewunderte das leichte, aber überaus wärmende Material und die vielen nützlichen, an unterschiedlichsten Stellen angebrachten Taschen. Schließlich zog er sich die Jacke an und stolzierte ein paar Schritte im Zelt auf und ab, was die anderen mit Lachen und Applaus quittierten. Auch Nick musste lächeln. Tenzing hatte eine ähnliche Statur wie er, daher passte ihm die Jacke ganz ausgezeichnet. Plötzlich kam Nick eine Idee. Er trat zu Tenzing und zeigte erst auf seinen Pulli und seine Hose, dann auf Tenzings Nomadengewand, und schließlich machte er ein Handzeichen für »Tauschen«.

Tenzing verstand. Seine Augen leuchteten auf, und er nickte freudestrahlend. Unter dem Gekicher der Frauen zogen sich Nick und Tenzing bis auf die Unterhose aus und reichten dem jeweils anderen ihre Kleidung. Der Nomade machte eine erstaunliche Verwandlung durch: In Nicks Sachen wirkte er mit einem Mal wie ein moderner Stadtmensch und nicht wie jemand, der in einem Zelt schlief und tagtäglich seine Ziegen über karge Hochebenen trieb. Kleider machen eben Leute, dachte Nick.

Ihn selbst kostete es etwas Überwindung, die Wollhose und das leicht speckige Hemd überzustreifen. Der schwere, schon ziemlich abgenutzte Mantel aus Ziegenhaar, der darüber getragen und mit einem Gürtel zusammengebunden wurde, roch etwas streng, würde ihn aber wunderbar warm halten. Zu guter Letzt holte Tenzing seinen breitkrempigen Hut von einer Ablage und setzte ihn Nick auf. Die anderen Familienmitglieder schienen sichtlich Spaß an dem Kleidertausch zu haben und nickten beifällig, und auch Jonna und

Dondup hatten ihre Scheu abgelegt und sprangen vergnügt um sie herum.

Es gab zwar keinen Spiegel, in dem er sich hätte betrachten können, aber Nick war sich ziemlich sicher, dass er sein Ziel erreicht hatte. In der typischen Nomadenkleidung inklusive Hut würde er für eine Drohne aus der Luft nicht zu erkennen sein.

In ihrer »neuen« Kleidung setzten sie sich wieder zurück an die Feuerstelle. Doch eine richtige Unterhaltung wollte nicht mehr aufkommen. Nach einer Weile erhoben sich Faiza und zwei der Männer, verabschiedeten sich von Nick – zumindest nahm er an, dass ihre Worte das bedeuteten – und gingen zu ihren eigenen Zelten. Obwohl es noch nicht sonderlich spät sein konnte, schienen auch Ashna und Tenzing bald schlafen zu wollen. Wahrscheinlich tickten die Uhren hier draußen, wo man ein Leben im Einklang mit der Natur führte, einfach anders. Nick war nicht böse drum. Er fühlte sich nach wie vor ziemlich ausgelaugt und freute sich regelrecht darauf, die Augen schließen zu können.

Nachdem sich Ashna und Tenzing in einen mit Stoff abgetrennten Bereich zurückgezogen hatten, kuschelte sich Nick in die weichen Felle seiner Schlafstätte. Morgen, dachte er. Morgen würde er erneut den Versuch unternehmen, nach Lhasa zu kommen. Und darauf hoffen, dass seine Verfolger die Suche nach ihm mittlerweile aufgegeben hatten.

KAPITEL 26

Als Nick erwachte, war er allein. Durch die Zeltöffnung in der Decke drang helles Tageslicht herein, der Wind der vergangenen Nacht schien sich gelegt zu haben. Vor dem Zelt war das Blöken und Meckern der Ziegen zu hören. Die Männer waren also noch nicht zu ihrem Weideplatz aufgebrochen. Nick richtete sich auf. Die Kopfschmerzen waren ganz verschwunden, und er fühlte sich erstaunlich ausgeruht.

»Guten Morgen«, erklang plötzlich eine Stimme in seinem Ohr.

»Bruno?«, fragte Nick überrascht.

»Stets zu Diensten«, erwiderte das CBPI.

»Oh Mann, bin ich froh, dass du wieder da bist. Ich dachte schon, dass ich für den Rest des Einsatzes auf dich verzichten müsste.«

»Meine Energieversorgung ist zusammengebrochen. Dich muss es ganz schön erwischt haben«, sagte Bruno.

»Das kannst du laut sagen. Aber heute Morgen geht es mir schon deutlich besser. Offenbar reichen meine Energiereserven wieder für uns beide.«

»Hoffentlich bleibt das auch so. Ein Neustart ist eine ziemlich aufwendige Sache. Es dauert ewig, bis alle Programme hochgefahren sind. Bis es so weit ist, fühle ich mich immer ganz nackt.«

»Ich werde mir Mühe geben, in nächster Zeit nicht mehr das Bewusstsein zu verlieren«, erwiderte Nick lächelnd. Bruno schien wieder ganz der Alte zu sein.

»Das wäre wirklich nett. Hab ich was verpasst?«

»Och, nichts Besonderes. Nur eine Drohnenverfolgung, eine Bergrettung und eine Modenschau im Nomadenzelt«, sagte Nick beiläufig und fügte hinzu: »Kannst du Kontakt zu Carol aufnehmen?«

»Nein, leider nicht. Wahrscheinlich bin ich doch noch nicht bei hundert Prozent. Aber für die Grundfunktionen reicht's.«

Nick antwortete nicht, da in diesem Moment Ashna das Zelt betrat. Er wollte sie nicht unnötig verwirren, indem er den Anschein erweckte, Selbstgespräche zu führen. Sie lächelte bei seinem Anblick und begann sogleich, ihm Frühstück zuzubereiten. Nick verputzte den süßen Brei aus gemahlenem Getreide, Buttertee und Honig mit großem Appetit. Dann hielt es ihn nicht mehr im Zelt. Er musste los, falls er Lhasa rechtzeitig vor der Inthronisierung erreichen wollte. Wenn er richtig gerechnet hatte, wurde Jang bereits am Nachmittag des nächsten Tages zum Dalai Lama gekrönt.

Mit Händen, Füßen und Brunos Hilfe fragte er Ashna nach einer Möglichkeit, nach Lhasa zu kommen. Zum Glück verstand die alte Frau ihn auf Anhieb. Er folgte ihr hinaus vor das Zelt, wo die Männer gerade dabei waren, den Windfang für die Ziegen abzubauen. Offenbar wollten sie demnächst aufbrechen. Ashna berichtete ihnen von Nicks Vorhaben, und nach einer raschen Beratung schienen sie einen Entschluss gefasst zu haben. Tenzing, der in Nicks Klamotten nach wie vor einen ungewohnten Anblick abgab, trat zu Nick und wiederholte immer die gleichen Wörter, wobei er mit der Hand erst auf die Ziegen, dann auf sich und die Männer und schließlich in eine bestimmte Richtung jenseits der Ebene deutete. Dann lächelte er und machte eine einladende Bewegung.

»Sie wollen die Herde auf eine Weide in der Nähe einer großen Straße treiben, die nach Lhasa führt. Du kannst sie bis dahin begleiten«, übersetzte Bruno.

Die Gastfreundschaft und Hilfsbereitschaft, die er von diesen Leuten erfuhr, überraschte ihn nicht zum ersten Mal. In Deutschland begegnete man Fremden mit größtem Misstrauen. Hier hingegen hieß man ihn ganz selbstverständlich willkommen, obwohl niemand wusste (und offenbar auch nicht wissen wollte), wer er war oder was er hier draußen zu suchen hatte.

Allerdings gefiel ihm die Vorstellung nicht, dass Tenzing ihn begleitete. Er hatte seine Sachen mit ihm getauscht, um aus der Luft nicht erkannt zu werden. Sollten sie auf ihrem Weg von einer Drohne erfasst werden, würde man Tenzing für Nick halten und die ganze Klamotten-Wechsel-Nummer wäre umsonst gewesen. Andererseits – sobald sie sich trennten, würde die Drohne Tenzing weiterverfolgen und die Leute, die die Drohne steuerten, auf eine falsche Fährte locken. Und bis seine Verfolger kapiert hatten, dass sie nicht Nick, sondern einem Nomaden hinterherflogen, wäre er selbst schon längst über alle Berge. Vielleicht war diese Variante also doch nicht so übel.

Nick zeigte Tenzing, dass er verstanden hatte. Er ging zurück ins Zelt, um Tenzings Hut und den großen, mit farbenfrohen Stickereien verzierten Stoffbeutel zu holen, den er gestern noch gegen seinen Rucksack eingetauscht hatte. Als er wieder ins Freie trat, waren die Männer bereit zum Aufbruch. Nick verabschiedete sich von Ashna und Faiza und zwinkerte Jonna und Dondup zu, die sich daraufhin schnell wieder hinter ihrer Mutter versteckten. Mit einem Lächeln drückte Tenzing ihm einen Wanderstab in die Hand, wie auch er und die anderen Männer ihn benutzten, dann pfiff er einmal laut und gab den Hütehunden damit den Befehl, die Herde in Bewegung zu setzen.

Der Weg führte sie über sanft abfallende, felsige Ebenen Richtung Osten. Die Ziegen blieben immer wieder stehen, um an einigen harten, braun-grünen Grasbüscheln zu rupfen, wurden aber von den Hunden und dem Rufen der Männer unermüdlich weitergetrieben. Die Sonne war schon ein gutes Stück über den Himmel gewandert und hatte eine solche Kraft entwickelt, dass Nick unter dem dicken Mantel zu schwitzen begann.

Jeder schien seinen eigenen Gedanken nachzuhängen, und so gingen sie schweigend nebeneinanderher. Nick fiel auf, wie still es hier in den Bergen war. Jeder seiner Schritte knirschte laut auf dem harschen Untergrund, und selbst sein Atem war viel deutlicher zu hören. Aber es war keine unangenehme, unnatürliche Stille wie in den beiden Geisterstädten an der Grenze. Es fühlte sich gut an, richtig, beinahe reinigend, als wäre jedes weitere Geräusch ein Geräusch zu viel.

Je länger sie unterwegs waren, desto ehrfürchtiger wurde Nick gegenüber der unberührten Natur um ihn herum. Obwohl er es kaum erwarten konnte, endlich zu Carol und den anderen zurückzukehren, genoss er doch die glasklare Luft, die majestätische Kulisse der schneebedeckten Berge und das fast schon meditative Meckern der Ziegen.

Gegen Mittag erreichten sie ein kleines Plateau, von dem aus man einen guten Blick über das dahinterliegende Tal hatte. Tenzing winkte Nick an den Rand des Plateaus und zeigte auf eine Straße, die sich ein Stück unter ihnen wie ein graues Band durch die Landschaft schlängelte und seltsam deplatziert in dieser Abgeschiedenheit wirkte. »Lhasa«, sagte er mit Blick Richtung Horizont. Dann deutete er auf einen kleinen Trampelpfad, der von dem Plateau hinunterführte. Offenbar wurde dieser Weg öfter von den Nomaden benutzt.

Nick signalisierte ihm, dass er verstanden hatte. Er bedankte sich aufrichtig bei Tenzing und den anderen beiden Männern, deren Namen Nick nicht richtig mitbekommen hatte. Dann trat er auf den schmalen Pfad hinab ins Tal. Das lief besser, als er zu hoffen gewagt hatte. Es war erst früher

Mittag, demnach konnte er es tatsächlich rechtzeitig nach Lhasa schaffen. Jetzt musste nur noch jemand vorbeikommen, der ihn mitnahm.

Genau das schien allerdings zu einem Problem zu werden – dass nämlich niemand an diesem verlassenen Flecken Erde entlangkam, bei dem er hätte mitfahren können. Nick hatte auf dem Weg bergab die Straße im Auge behalten, aber es war in der ganzen Zeit nicht ein einziges Auto vorbeigefahren – weder in die eine noch in die andere Richtung.

»Bruno, kannst du mir sagen, wie weit es noch bis nach Lhasa ist?«, fragte Nick.

»81,7 Kilometer Luftlinie«, kam die prompte Antwort. Wie er befürchtet hatte. Zu Fuß würde er das bis zum Abend auf keinen Fall schaffen. Also musste er so lange an der Straße entlanglaufen, bis entweder doch ein Auto vorbeikam oder er auf irgendein Dorf stieß, in dem er nach einem Fahrer – oder schlimmstenfalls nach einer Übernachtungsmöglichkeit – fragen konnte.

Er hatte den Gedanken noch nicht ganz zu Ende gedacht, als er hinter sich ein Geräusch vernahm. Hastig sah er sich um. Er war nach wie vor auf der Hut vor möglichen Verfolgern, auch wenn er seit seinem Aufbruch bei den Nomaden nichts Auffälliges mehr bemerkt hatte. Doch wie sich bald herausstellte, stammte das Geräusch von einem knallroten Kleinlaster, der knatternd auf der Straße heranröhrte. Auf der offenen Ladefläche saß eine Gruppe bunt gekleideter, vergnügter Tibeter.

Nick winkte, und tatsächlich lenkte der Wagen an den Straßenrand und hielt neben ihm an. Der Fahrer kurbelte das Fenster herunter, grüßte ihn freundlich und sagte etwas auf Tibetisch.

»Er fragt, ob er dich mitnehmen soll«, teilte Bruno ihm mit. »Halt dich fest – sie sind auf dem Weg nach Lhasa.«

Nick jubelte innerlich auf. Das war ja fast zu schön, um wahr zu sein. Er nickte und gab dem Fahrer das Daumen-hoch-Zeichen, das vermutlich überall auf der Welt verstanden wurde. Der Mann sagte noch etwas, lachte und deutete nach hinten. Rasch ging Nick um den Laster herum und kletterte über ein schmales Trittbrett auf die Pritsche. Die Mitfahrenden begrüßten Nick fröhlich und rutschten ein wenig enger zusammen, sodass er Platz auf einer der Sitzbänke fand, die auf der Ladefläche montiert waren. Der Wagen fuhr stotternd los, und schon bald hatten sie die Berge hinter sich gelassen und folgten einer staubigen Straße, die schnurgerade durch eine nicht enden wollende Ebene führte.

Nick vermutete, dass es sich bei der Gruppe um Pilger handelte, die sich auf dem Weg zur Krönung befanden. Sie schienen außerordentlich guter Dinge zu sein und sangen oder schwatzten munter durcheinander. Offenbar war es in Tibet nicht unüblich, Leute auf der Straße aufzusammeln, denn als Nick keine Anstalten machte, sich an ihren Gesprächen zu beteiligen, beachteten sie ihn nicht weiter. Nick war ganz froh darüber.

Nach einiger Zeit bog der Laster auf eine breite, stärker

befahrene Straße ab. Je näher sie Lhasa kamen, desto deutlicher wurden die Anzeichen menschlicher Zivilisation: Erste Häuser waren zu sehen, Bauern, die ihre Felder bestellten, eine Tankstelle, und sogar eine kleine Fabrik, aus deren Schornstein weißer Rauch in den Himmel stieg.

Obwohl sie sich auf offener Straße befanden, wurde der Laster plötzlich immer langsamer und kam schließlich ganz zum Stehen. Nick erhob sich und beugte sich über die Seitenwand der Pritsche, um den Grund dafür auszumachen. Erschrocken ließ er sich wieder auf die Bank sinken. Vor ihnen waren noch zwei weitere Autos zum Stehen gekommen, aus dem gleichen Grund wie sie. Mitten auf der Straße war eine Absperrung errichtet worden, an der bewaffnete Soldaten die Fahrzeuge sowie die Papiere aller Insassen kontrollierten. Dem Verhalten der Pilger nach zu urteilen, die der ganzen Situation keine große Bedeutung beimaßen, war es nicht der erste Checkpoint, an dem sie angehalten wurden. Nick versuchte, sich seine Nervosität nicht anmerken zu lassen, und kramte seine gefälschten Dokumente aus dem Beutel hervor, die nun, da er in traditioneller Nomadenkleidung herumlief, ziemlich seltsam anmuteten: ein Visum für Tibet, eine Genehmigung, um außerhalb Lhasas reisen zu dürfen, eine Sondergenehmigung für die Zeit der Inthronisierung, und natürlich sein falscher Pass. Der Fahrer fuhr ein paar Meter weiter, sodass sie nun ganz vorne an der Absperrung standen. Langsamen Schrittes und mit den Waffen im Anschlag umrundeten die Soldaten den Laster. Dann stiegen sie auf das Trittbrett und musterten die

Pilgergruppe mit unbewegten Gesichtern. Nick wich ihren Blicken aus und versuchte, einen so unauffälligen Eindruck wie möglich zu machen. Fieberhaft überlegte er nach einer plausiblen Erklärung, warum er sich einerseits als Nomade ausgab, andererseits aber einen ausländischen Pass und die entsprechenden Visa mit sich führte. Er hatte es bis hierher geschafft … es wäre blanker Hohn, wenn er jetzt kurz vor den Toren Lhasas bei einer Routinekontrolle erwischt werden würde. Einer der Soldaten stieg auf die Ladefläche und blaffte einige Worte, woraufhin die Pilger ihre Ausweise zückten. Der Soldat kontrollierte die Papiere und arbeitete sich langsam, aber stetig zu Nick vor. Nicks Gedanken überschlugen sich. Noch drei Pilger zwischen ihm und dem Soldaten. Sollte er es darauf ankommen lassen? Noch zwei Pilger. Oder sollte er versuchen, zu fliehen? Noch einer.

Plötzlich lehnte sich der Fahrer aus dem Führerhäuschen und rief einem weiteren Soldaten, der an der Absperrung stehen geblieben war und der Verantwortliche für die Kontrolle zu sein schien, etwas zu. Der Kommandant antwortete erst barsch, doch dann hellte sich seine Miene auf. Die beiden Männer unterhielten sich kurz, gestikulierten dabei leidenschaftlich und lachten schließlich laut auf. Offenbar kannten sie sich. Der Kommandant bellte einen Befehl, woraufhin die Soldaten vom Laster sprangen und die Männer auf der Ladefläche keines Blickes mehr würdigten. Die Absperrung wurde geöffnet, und sie durften passieren.

Die Pilger nahmen ihr fröhliches Geplapper wieder auf, als wäre nichts geschehen. Nick hingegen schloss die Augen und schickte ein Dankgebet gen Himmel. Das war knapp gewesen!

Kurz hinter dem Checkpoint begann die Stadt. Er hatte es geschafft. Zwar war alles ein bisschen komplizierter geworden, als er sich vorgestellt hatte, aber am Ende war er doch noch rechtzeitig in Lhasa angekommen. Jetzt musste er nur noch das Kloster finden, dann war er wieder mit Carol und den anderen vereint. Er würde Abbitte für seinen Alleingang leisten, sie würden ihm verzeihen, Faber musste von alldem nichts erfahren, und morgen würde Tibet seinen Dalai Lama wiederbekommen. Ende gut, alles gut.

KAPITEL 27

Bruno, der sich als perfektes Navigationssystem erwies, gab einen letzten Zwischenstand durch. Nur noch wenige Hundert Meter, dann hatte er das Kloster erreicht, in dem sich Jang bis zu seiner Inthronisierung aufhielt.

Die Pilger hatten auf direktem Weg den Jokhang angesteuert, eins der wichtigsten Heiligtümer im Stadtkern Lhasas. Nick war noch ein Stück mit ihnen mitgefahren, als der Laster jedoch im dichten Verkehr stecken geblieben war, hatte er beschlossen, zu Fuß weiterzugehen.

Lhasa bildete einen krassen Gegensatz zu der abgeschiedenen Bergwelt, in der Nick vor wenigen Stunden aufgewacht war. Die Außenbezirke besaßen kaum tibetisches Flair und glichen jeder x-beliebigen Großstadt. Als Nick vor einigen Jahren zusammen mit seinem Vater nach Tibet gereist war, hatten sie vor allem die großen Tempel und Paläste der Stadt besucht. Das übrige Lhasa hatte damals keinen bleibenden Eindruck bei ihm hinterlassen, und nun wusste er auch, warum.

Doch je näher er dem Zentrum kam, desto mehr veränderte sich das Stadtbild. Die seelenlosen Häuserfassaden wurden von traditionellen Bauten abgelöst, und fast an jeder

Ecke gab es kleine Tempel, die sich für die bevorstehende Krönung herausgeputzt hatten: Die goldverzierten Pagodendächer glänzten in der Sonne, überall flatterten tibetische Flaggen und bunte Wimpel im Wind, und immer öfter sah Nick auch die typischen weißen Gebetsschals, die an Geländer und Masten gebunden worden waren.

Bruno, der wieder ganz Herr seiner Sinne – oder besser: Herr seiner Schaltkreise – zu sein schien, dirigierte ihn auf dem schnellsten Weg zum Kloster, was angesichts der Größe Lhasas trotzdem eine ziemlich lange Strecke bedeutete. Nick bedauerte, sich nicht irgendwo einen fahrbaren Untersatz besorgt zu haben. Er hatte schon einige Kilometer zurückgelegt, und langsam taten ihm die Füße weh. Er sah die schmale, leicht ansteigende Straße hinauf, die ihn noch von dem Eingangstor des Klosters trennte. Zwischen den Häusern hindurch konnte er bereits Teile der Anlage erkennen. Das Kloster war historisch unbedeutend, hatte aber im Gegensatz zu vielen anderen einen aktiven Mönchsbetrieb und war für Touristen nicht zugänglich. Somit war es ideal, um Jang dort bis zur Krönung in Sicherheit zu bringen.

Eine hohe Mauer umgab die Klosteranlage. Das große hölzerne Tor, das hineinführte, war geschlossen. Zweifellos war das nichts Ungewöhnliches. Die beiden finster aussehenden Wachen, die vor dem Tor Posten bezogen hatten und ihm nun grimmig entgegenblickten, schon eher. Nick schloss daraus, dass die anderen es bis ins Kloster geschafft hatten und die Sicherheitsvorkehrungen zum Schutz des Dalai Lamas verschärft worden waren.

Die beiden Wachen beobachteten ihn misstrauisch, und als Nick nur noch wenige Meter vom Tor entfernt war, traten sie ihm in den Weg. Einer der beiden herrschte ihn in einem barschen Ton an. Noch während Nick auf Brunos Übersetzung wartete, schien der Mann zu begreifen, dass Nick ihn nicht verstanden hatte, und wiederholte auf Englisch: »Kein Zutritt. Verschwinde von hier.«

Doch so leicht ließ Nick sich nicht abwimmeln. Er versuchte zu erklären, wer er war. »Mein Name ist Nick«, erwiderte er. »Ich gehöre zu der Gruppe, die Trijang Semkyi hierhergebracht hat.«

»Und?«, fragte der Mann abweisend.

»Ich habe den Anschluss zu den anderen verloren. Würden Sie bitte Carol ans Tor holen? Sie wird Ihnen bestätigen, wer ich bin.«

»Ich habe keine Ahnung, wer du bist. Und ich weiß auch nicht, woher du diese Informationen hast. Aber zu denen da drinnen gehörst du jedenfalls nicht. Die sind vollzählig hier erschienen. Also zieh Leine.«

»Bitte, holen Sie Carol ans Tor. Oder einen der anderen«, bat Nick erneut. »Dann wird sich alles aufklären.«

»Pass mal auf, Bürschchen«, zischte der Mann und kam drohend einen Schritt näher. »Du hast jetzt noch genau drei Sekunden, um von hier zu verschwinden. Danach werde ich ungemütlich.« Er ließ wie beiläufig eine Hand an seinen Gürtel wandern, aus dem das Ende eines Schlagstocks hervorblitzte.

Nick verstand die Welt nicht mehr. Den Worten des Wachmanns nach zu urteilen, befanden sich die anderen tatsächlich im Kloster. Aber warum hatten sie behauptet, sie seien vollzählig? Das war so gar nicht Carols Art.

Noch bevor er sich weiter darüber Gedanken machen konnte, kam der Wachmann erneut einen Schritt auf ihn zu, und dieses Mal zog er den Schlagstock aus dem Gürtel heraus. Obwohl er sonst was dafür gegeben hätte, in das Kloster zu gelangen, beschloss Nick, der Aufforderung des Mannes vorerst nachzukommen und den Rückzug anzutreten, bevor der Typ am Ende noch Ernst machte. Dann musste er eben auf andere Weise herausfinden, welches Spiel hier gespielt wurde.

Nick flüchtete sich in eine Seitenstraße, um außer Sichtweite der beiden Wachen zu kommen. Was zum Henker war da los? Irgendetwas stimmte nicht. Er musste sich unbedingt ein Bild der Lage verschaffen. Über Umwege kehrte er zum Kloster zurück, näherte sich dieses Mal aber von der Seite, sodass die Wachen am Tor ihn nicht sehen konnten. Nachdenklich betrachtete er die hohe, weiß getünchte Mauer. Dann wanderte sein Blick den Berg hinauf, an den das Kloster gebaut worden war. Wenn er den Hang weit genug nach oben kletterte, gelang es ihm vielleicht, über die Mauer einen Blick ins Innere der Anlage zu werfen. Möglicherweise bekam er so einen Hinweis darauf, was hier vor sich ging. Er musste nur aufpassen, dass er vom Kloster aus nicht zu sehen war.

Nick bog in eine schmale Gasse ein, die parallel zur

Klostermauer verlief und an deren Ende es einen guten Einstieg in den Berg gab. Am Anfang kam er noch ganz gut voran, doch schon bald wurde der Hang so steil, dass Nick Mühe hatte, nicht abzurutschen. Zum Glück fand er immer wieder Halt an einigen niedrigen Büschen, die es irgendwie fertigbrachten, unter diesen widrigen Bedingungen zu wachsen. Schließlich erreichte er eine Stelle, die hoch genug war, um über die Mauern sehen zu können, und flach genug, um sich einigermaßen bequem hinzusetzen. Außerdem boten ihm einige Sträucher eine gute Deckung.

Nick stellte den Stoffbeutel neben sich ab und sah zur Klosteranlage hinunter. Im Zentrum des Areals stand eine große Versammlungshalle, links und rechts davon befanden sich Nebengebäude, die vermutlich die Schlafräume der Mönche sowie Verwaltungsgebäude beherbergten. Aus dem Gebäude, das seinem Standort am nächsten war, rauchte es aus dem Kamin, daher nahm Nick an, dass es sich hier um die Küche handelte. Im Innenhof hatten sich etwa dreißig in dunkelrote Gewänder gekleidete Mönche versammelt, wo sie in kleinen Gruppen zusammensaßen und teils heftig, aber dennoch friedlich miteinander diskutierten. Offenbar fand gerade die Debattierstunde statt.

Etwas abseits im Schatten eines Baumes erkannte Nick einige Gestalten, die augenscheinlich nicht zu den Mönchen gehörten, da sie westlich gekleidet waren. Ob das Carol und die anderen waren? Nick kramte in der Tasche herum und förderte das kleine Fernglas zutage, das ihnen schon an der Brücke in Kodari gute Dienste geleistet hatte. Mit seiner

Hilfe nahm er die Gruppe erneut ins Visier. Es waren tatsächlich fünf Jugendliche, die alle etwa ungefähr so alt waren wie er. Einer hatte eine dunkle Hautfarbe, doch es handelte sich nicht um Miles. Und auch die anderen kannte Nick nicht. Er ließ seinen Blick erneut über die debattierenden Mönche schweifen, in der Hoffnung, doch noch irgendwo Carol, Becca oder die Jungs zu entdecken.

Plötzlich fiel ihm eine etwas größere Gruppe von Mönchen auf, die sich alle um einen etwa 13-jährigen tibetischen Jungen scharten. Auch er kam ihm nicht bekannt vor. Nick setzte das Fernglas ab. Ein 13-jähriger Tibeter – genau wie Jang. Fünf Jugendliche – genau wie Carol, Becca, Miles, Jack und er selbst. Das war ganz schön viel Zufall auf einmal, fand er.

Und dann begriff er. Vor lauter Fassungslosigkeit hätte er beinahe das Fernglas fallen gelassen. Jang und die anderen waren ausgetauscht worden! Sie hatten das Kloster nie erreicht! Sowohl die Mönche als auch die Wachen am Tor gingen davon aus, dass die Jugendlichen dort unten die Spezialagenten waren und dass es sich bei dem tibetischen Jungen um den zukünftigen Dalai Lama handelte. Da Jang bisher vor der Öffentlichkeit geheim gehalten worden war, wusste niemand, wie er aussah. Und wenn die Täuschung nicht rechtzeitig aufgeklärt wurde, dann würde morgen der Junge dort unten im Hof zum Dalai Lama gekrönt werden, ohne dass jemand den Betrug bemerkte.

Nick war entgeistert. Und verwirrt. Warum betrieben die Terroristen solch einen Aufwand? Und was nutzte es ihnen,

Jang auszutauschen? Aadarsh hatte doch angedeutet, dass sie den Dalai Lama umbringen wollten!

Das ergab alles keinen Sinn. Und wo waren die anderen? Was war mit ihnen geschehen, während er allein in den Bergen unterwegs gewesen war? Waren sie überhaupt noch am Leben?

Nick hätte sich am liebsten geohrfeigt. Wäre er doch bloß nicht mitten in der Nacht zu dem See gegangen. Was war er doch für ein verdammter Idiot! Er musste die anderen unbedingt finden.

Aber wie hatte dieser Austausch überhaupt stattfinden können? Ihre Mission war streng geheim, nur sehr wenige wussten darüber Bescheid. Auch ihre Route hatte im Vorfeld niemand gekannt, sie hatten sie ja erst am Abend vor dem Aufbruch festgelegt. Irgendjemand musste sie verraten haben, irgendjemand, der über Insiderwissen verfügte. Gyanzen war loyal, da war sich Nick sicher, genauso wie Nyima. Aber wer war es dann gewesen? Einer der anderen Agenten? Das konnte Nick sich beim besten Willen nicht vorstellen. Trotzdem – er musste seine Beobachtung schnellstens an Direktor Faber melden.

Er wollte Bruno gerade bitten, mit der Schule Kontakt aufzunehmen, als ihn ein schrecklicher Verdacht durchzuckte. Er erinnerte sich an die Ereignisse mit Drago, als Direktor Bauer, Fabers Vorgänger, seine Position als Leiter der Schule ausgenutzt und in Wahrheit für die Gegenseite gearbeitet hatte. Was, wenn der Verräter wieder eins der »hohen Tiere« war? Noch bis vor wenigen Minuten hätte er für Direktor

Faber seine Hand ins Feuer gelegt, doch mit einem Mal war er sich da nicht mehr so sicher. Genau genommen konnte er sich bei niemandem mehr sicher sein. Er fasste daher den Entschluss, Faber vorerst nicht zu kontaktieren.

Im Grunde gab es nur eine Möglichkeit: Er musste irgendwie in das Kloster gelangen, in der Hoffnung, dort etwas über den Verbleib der anderen oder die Motive der Terroristen herauszufinden. Am helllichten Tag war dies jedoch kaum möglich. Das Kloster war so klein und er in seiner Nomadenkleidung derart auffällig, dass man ihn sofort als Eindringling entlarven würde. Außerdem war Nick sich sicher, dass die fünf Agenten zwar falsch waren, dass aber dennoch nicht mit ihnen zu spaßen sein würde, falls er ihnen in die Hände fiel. Er warf einen Blick auf die tief stehende Nachmittagssonne. Es zählte jede Minute. Trotzdem beschloss er zähneknirschend, sich in Geduld zu üben und die Dunkelheit abzuwarten.

KAPITEL 28

Drei Tage. Seit drei Tagen saßen sie nun schon in dieser gottverlassenen Hütte irgendwo in den tibetischen Bergen, zur Tatenlosigkeit verdammt, ohne Kontakt zur Außenwelt. Selbst zu Trinity konnte Carol keine Verbindung mehr herstellen. Irgendetwas musste das Signal von ihrem CBPI stören. Sie zerrte noch einmal entnervt an ihren Fesseln, wohl wissend, dass es nichts bringen würde.

Nach einer nicht enden wollenden Autofahrt, die sie aufgrund des Sacks über ihrem Kopf blind verbracht hatten, waren Becca, Jack, Miles und sie von den Männern aus dem Auto gezerrt und in diese Hütte verfrachtet worden. Sie mussten sich mit dem Rücken zur Wand auf den Boden setzen. Dann wurden ihre Hände mit Handschellen gefesselt. Zwischen den beiden Schellen befand sich eine längere Kette, die wiederum durch einen eisernen Ring in der Wand gezogen war, sodass sie zwar ein bisschen Bewegungsfreiheit hatten und zwischen einer sitzenden und einer liegenden Position wechseln konnten. Es war jedoch so gut wie ausgeschlossen, sich zu befreien, wenn man nicht zufällig eine Brechstange, eine Axt oder den passenden Schlüssel zur Hand hatte. Die ganze Konstruktion war äußerst professionell, was erneut darauf hinwies, dass sie es nicht mit Amateuren zu tun hatten.

Bevor die Männer wieder gefahren waren, hatte der Anführer zwei besonders unangenehm aussehende, muskelbepackte Typen als Wachen abgestellt. Dann war er gegangen, ohne ein weiteres Wort darüber zu verlieren, was mit Jang geschehen würde oder warum er die vier in dieser Hütte gefangen hielt.

Carol drehte bald durch bei der Vorstellung, wie lange sie hier schon zur Untätigkeit verdammt herumsaßen. Ihre Gedanken wanderten immer wieder zu Nick. Ihre anfängliche Hoffnung, dass er kommen und sie befreien würde, hatte sie begraben. Wie sollte er auch herausfinden, wo sie gefangen gehalten wurden? Aber immerhin befand er sich noch auf freiem Fuß. Wäre er den Typen in die Hände gefallen, hätten sie ihn sicherlich hierher in die Hütte gebracht. Es sei denn, sie hatten ihn umge… Nein, so etwas durfte sie nicht einmal denken! Auch wenn ihre Entführer hinlänglich bewiesen hatten, dass sie nicht gerade zimperlich, sondern zu allem fähig waren.

Und sie wussten bestens über die Agenten Bescheid. Der Anführer hatte Becca angemerkt, dass sie *springen* und dabei so viele Angreifer wie möglich entwaffnen wollte. Er war auf diese Situation vorbereitet gewesen und hatte sie kurzerhand mit dem Taser außer Gefecht setzen lassen. Wie waren sie an derart geheime Informationen gekommen? Gab es einen Verräter in Nicks Gruppe? Was versprach sich derjenige davon? Und überhaupt – warum wurden sie hier gefangen gehalten und nicht als lästige Zeugen aus dem Weg geräumt?

»Boah, ich dreh gleich durch!«, knurrte Becca. »Ich will endlich aus dieser Scheißhütte raus und irgendwas *machen*!« Sie rüttelte frustriert an ihrer Kette, genau wie Carol es vor ein paar Minuten getan hatte. Dann lehnte sie sich nach hinten und trat – im Sitzen, zum Stehen war die Kette nicht lang genug – noch einmal mit voller Kraft gegen den Eisenring in der Wand. Genau wie sie es alle am ersten Tag mehrfach probiert hatten. Und genauso vergeblich.

»Nicht so laut«, fauchte Jack. »Sonst hast du gleich 'ne Kugel im Kopf. Mit den Typen ist nicht zu spaßen, das weißt du doch.«

Das stimmte. Sie konnten sich nur unterhalten, wenn die beiden Männer nicht im Raum waren. Als sie anfangs versucht hatten, Informationen aus den Männern herauszubekommen, hatte einer von ihnen Miles einen derart brutalen Fußtritt verpasst, dass er sich danach mehrere Minuten lang wimmernd zusammengekrümmt hatte.

»Ich verstehe einfach nicht, was das soll«, zischte Becca. »Warum halten die uns hier fest? Wohin haben sie Jang gebracht? Und warum, zum Teufel, haben wir nicht verhindert, dass sie ihn mitnehmen? Das war schließlich unser Job!«

»Was hätten wir denn machen sollen?«, entgegnete Jack. »Sie waren in der Überzahl, und im Gegensatz zu uns waren sie bewaffnet.«

»Pfff«, machte Becca, »irgendwas wäre uns schon eingefallen.«

»Ja, und wahrscheinlich hätte einer von uns diesen Einfall mit dem Leben bezahlt. Wäre dir das lieber gewesen?«

»Vergiss nicht, dass Jang am Ende freiwillig mit ihnen gegangen ist«, warf Carol leise ein. »Ich kann mir nicht helfen, aber ich hatte das Gefühl, dass er genau wusste, was mit ihm geschehen würde. Vielleicht hatte er wieder eine seiner Visionen.«

»Trotzdem«, beharrte Becca. »Wir haben versagt. Auf ganzer Linie. Und ehrlich gesagt verstehe ich nicht, was diese ganze Aktion überhaupt sollte. Aadarsh hat uns erzählt, dass die Terroristen den Dalai Lama umbringen wollen. Aber warum machen sie sich dann die Mühe, ihn vorher mit dem Hubschrauber wegzufliegen?«

»Zu genau dem Thema ist mir was Interessantes eingefallen«, sagte Miles. »Vor ein paar Jahren hab ich mich mal in einem Referat damit beschäftigt, welche Auswirkungen die Entführung hochrangiger Politiker auf das Demokratieverständnis des jeweiligen Landes hat. Dabei habe ich über einen Vorfall gelesen, den ich damals zu unbedeutend fand, um ihn ins Referat mit aufzunehmen – aber kurios genug, um mich heute daran zu erinnern. 1995 wurde hier in Tibet ein kleiner Junge zum 11. Panchen Lama ernannt. Der Panchen Lama ist der zweithöchste religiöse Führer Tibets, steht also direkt unter dem Dalai Lama, und bei den Panchen Lamas funktioniert die Nachfolge genauso wie bei den Dalai Lamas, also per Reinkarnation. Wie auch immer – die chinesische Regierung hat die Wahl unter fadenscheinigen Gründen abgelehnt. Angeblich wolle seine Familie, dass der Junge ein ganz normales Leben führt. Daraufhin wurde der Junge an einen unbekannten Ort gebracht. Niemand hat ihn seitdem je wieder gesehen. Wenig später setzte die chinesische Regierung einen 5-jährigen Jungen als neuen Panchen Lama ein. Von der tibetischen Bevölkerung allerdings wird dieser ›chinesische‹ Panchen Lama bis heute nicht anerkannt.«

»Willst du damit sagen, dass die chinesische Regierung den Panchen Lama gegen einen eigenen Kandidaten ausgetauscht hat?«, fragte Becca.

»Das sage nicht nur ich, das sagen auch so ziemlich alle Regierungen und Journalisten außerhalb Chinas«, erwiderte Miles.

Carol dämmerte, worauf Miles hinauswollte. »Du glaubst also, dass die Chinesen den Dalai Lama genauso austauschen wollen wie damals den Panchen Lama?«

»Exakt.« Miles nickte ernst.

»Aber wieso sollten sie das tun?«, hakte Carol nach. »Sie waren doch einverstanden mit der Wiedereinsetzung des Dalai Lamas. Dann hätten sie dem ganzen Zirkus doch gar nicht zustimmen müssen.«

»Du unterschätzt, welchen Einfluss der Dalai Lama auf das tibetische Volk und damit auch auf politische Entscheidungen hat«, gab Miles zu bedenken. »Wenn es den Chinesen gelingt, einen Dalai Lama einzusetzen, der tendenziell pro China ist, wird das immense Auswirkungen auf die anti-chinesische Stimmung in Tibet haben.«

»Verstehe«, erwiderte Carol nachdenklich. »Allerdings

können sie den Dalai Lama nicht genauso offensichtlich austauschen wie den Panchen Lama. Das würden die Tibeter niemals akzeptieren. Es wäre der Tropfen, der das Fass zum Überlaufen bringt, und ein Bürgerkrieg wäre quasi vorprogrammiert.«

»Ganz genau«, sagte Miles. »Deswegen haben sie sich etwas ausgedacht, das deutlich pfiffiger ist als damals.«

»Wow, nicht dumm«, warf Becca ein, die ebenfalls begriffen hatte. »Sie benutzen kein fadenscheiniges Argument mehr, um den Dalai Lama verschwinden zu lassen. Sie tauschen ihn einfach aus, ohne dass es irgendjemand mitbekommt.«

»Psst, seid mal leise«, zischte Jack plötzlich. Sie verstummten, und in der sich ausbreitenden Stille nahm Carol nun ebenfalls ein Geräusch wahr. Es klang wie ein Auto, das rasch näher kam. Ihr fiel auf, wie ihr Herz zu rasen begann. Es war das erste Motorengeräusch, das sie in den drei Tagen hier hörten. Hatten sie Nick erwischt? Oder kehrte der Anführer zurück, um sie endgültig aus dem Verkehr zu ziehen? Der Motor erstarb, dann hörten sie, wie Autotüren geöffnet und mit lautem Knall wieder geschlossen wurden. Es folgte ein kurzer Wortwechsel mit ihren Bewachern, die vor der Hütte Position bezogen hatten, dann öffnete sich die Tür. Zwei finster aussehende Typen betraten den Raum, die Carol noch nie gesehen hatte. Ganz im Gegensatz zu dem Mann, der nach ihnen durch die Tür kam. Es fühlte sich an, als würde eine Faust in Carols Magen gerammt werden. Mit aller Macht versuchte sie, zu verstehen, wen sie gerade vor sich hatte. Das konnte einfach nicht sein. Ihr Verstand musste ihr einen Streich spielen.

»Du?!«, brach es aus ihr heraus.

»Damit hättest du wohl nicht gerechnet, was?«, erwiderte Martin und baute sich mit einem süffisanten Grinsen vor ihnen auf.

Becca, Jack und Miles tauschten verblüffte Blicke. »Du kennst den Typen?«, fragte Miles ungläubig.

»Ich dachte, du sitzt im Gefängnis«, entgegnete Carol, ohne auf Miles' Frage einzugehen.

»Unter normalen Umständen würde ich das auch noch tun«, erwiderte Martin. »Aber dankenswerterweise haben meine chinesischen Freunde ein paar ihrer außerordentlich wertvollen Kontakte spielen lassen.«

»Du meinst, sie haben dich freigekauft«, knurrte Carol.

»Das klingt zwar etwas plump, aber ja, so könnte man es auch ausdrücken«, erwiderte Martin liebenswürdig.

»Und warum haben sie sich solche Mühe gemacht?«, ätzte Carol. »Es muss sie eine Unsumme an Geld gekostet haben, ganz zu schweigen von dem Risiko, das sie dafür eingegangen sind. Gibt es keinen anderen Handlanger, der in der Lage ist, einen solchen Job auszuführen?«

»Tja, offenbar wissen diese Leute meine Qualitäten mehr zu schätzen als du.« Martin setzte sich auf die Tischkante und verschränkte lässig die Arme. Er machte keinen Hehl daraus, dass ihm diese Unterhaltung großes Vergnügen bereitete. »Zum einen bin ich ein ehemaliger Agent mit hervorragenden Kontakten zum Untergrund. Zum anderen verfüge ich über Insiderwissen über eine Einheit von Spezialagenten, die bei dieser Operation eine nicht ganz unwichtige Rolle spielen.«

Carol hätte Martin das überhebliche Grinsen am liebsten aus dem Gesicht gewischt. Unfassbar, wie sehr sich alle in diesem arroganten Mistkerl getäuscht hatten. Martin war einst ein guter Freund von Nicks Vater gewesen. Die beiden hatten zusammen als Agenten für den BND gearbeitet, doch Martin hatte sich irgendwann von einer hochkriminellen Organisation kaufen lassen. Die Aussicht auf Geld und Macht war verlockender für ihn gewesen als der Kampf für eine bessere Welt. Bei seinem letzten Auftrag für die größenwahnsinnige Lea van Rouwen, Deckname Drago, waren Nick und Carol ihm in die Quere gekommen und hatten dafür gesorgt, dass er verhaftet worden war. Kein Wunder, dass Martin nun feixend auf sie herabsah und es in vollen Zügen auskostete, sie in der Hand zu haben.

»Also bist du der Drahtzieher hinter Jangs Entführung?«, fragte sie verdrossen.

»Ganz genau«, bestätigte Martin. »Und mit den entsprechenden finanziellen und technischen Ressourcen, die meine Auftraggeber mir zur Verfügung gestellt haben, sowie einer Handvoll perfekt ausgebildeter Söldner hat sie sich auch als kein sonderlich großes Problem erwiesen.«

»Das ist ja alles schön und gut, aber könnten wir bitte mal erfahren, was das Ganze hier soll?«, fragte Miles ungehalten. »Warum halten Sie uns hier seit drei Tagen fest? Und woher zum Teufel kennst du diesen Typen überhaupt, Carol?«

»Oh, Carol, Nick und ich haben mal für die gleiche Organisation gearbeitet«, antwortete Martin an Carols Stelle. »Oder zumindest dachten das alle. Mir sind diese ganzen Moralapostel, die immer für ›das Gute‹ kämpfen, irgendwann gründlich auf den Geist gegangen. Mir liegt die Gegenseite deutlich mehr – mehr Geld, mehr Macht und weniger *political correctness.*« Er stieß sich mit einem Ruck von der Tischkante ab und trat ein paar Schritte auf sie zu. »So, genug geplaudert. Ich bin hier, weil ich wissen will, wo mein alter Freund Nick sich rumtreibt. Und ich bin mir sicher, dass ihr mir bei der Suche helfen könnt.«

»Und woher wissen wir, dass du uns nicht umbringst, nachdem du es erfahren hast?«, fragte Carol.

»Gar nicht, befürchte ich. In diesem Punkt müsst ihr mir wohl oder übel vertrauen«, erwiderte Martin schulterzuckend.

Carol schnaubte. »Dir vertrauen, sicher. Erst wollen wir wissen, worum es bei dieser ganzen Entführung geht!«

Martin seufzte. »Na schön. Im Grunde geht es um das Gleiche wie immer. Kontrolle. Und Macht.«

»Ich dachte, dass es euch Typen immer nur um Geld geht«, warf Miles in sarkastischem Tonfall ein.

»Natürlich«, erwiderte Martin. »Aber je mehr Geld man hat, desto mehr Macht hat man auch.«

»Wir reden hier aber nicht von Geld oder Macht. Hier geht es um einen 13-jährigen Jungen!«, fauchte Becca. Carol war sicher, dass sie sich auf ihn gestürzt hätte, wenn sie nicht gefesselt gewesen wäre.

Auch Martin schien dies zu bemerken, denn prompt erschien wieder das überhebliche Grinsen auf seinem Gesicht. »Stimmt, Rotschopf. Und du kannst dir gar nicht vorstellen, wie viel Macht dieser Junge besitzt. Die Menschen in Tibet verehren ihn. Sie würden alles für ihn tun. Und sie würden alles tun, was er ihnen sagt. Das ist eine Macht, die kaum mit Gold aufzuwiegen ist. Wenn der Dalai Lama den Tibetern zu verstehen gibt, dass das Vorgehen der Chinesen das einzig richtige ist, dann werden sie ihm glauben. Damit wäre ein jahrzehntelanger Konflikt einfach aus der Welt geschafft. Ganz ohne Blutvergießen. Das sollte doch eigentlich auch in eurem Interesse sein, oder nicht?«

»Das funktioniert nie im Leben«, sagte Carol. »Die Leute sind doch nicht dumm. So einfach lassen sie sich nicht manipulieren.«

»Abwarten. Es muss ja nicht alles von heute auf morgen geschehen. Das wirksamste Gift ist das, was schleichend verabreicht wird. Man merkt gar nicht, wie sich das eigene Denken und Handeln verändert.«

»Nur würde Jang sein Volk niemals auf diese Weise vergiften«, sagte Becca wütend. »Und deswegen wurde er von den Chinesen ausgetauscht, damit ein anderer Junge an seiner Stelle morgen zum Dalai Lama ernannt wird.«

»Ganz genau, ihr Schlaumeier. Clever, nicht wahr?«

»Wo ist Jang?«, fragte Carol. »Was habt ihr mit ihm gemacht?«

»Dem Jungen geht's gut.« Martin winkte ab. »Er wird ein angenehmes, einfaches Leben führen. Nur wird ihn nie wieder jemand zu Gesicht bekommen. So, und jetzt Schluss mit der Märchenstunde. Wo ist Nick?«

Die vier Agenten schwiegen. »Glaubt ihr wirklich, dass ihr ihm einen Gefallen tut, wenn ihr jetzt schweigt?«, fragte Martin. »Vermutlich irrt er bereits seit Tagen in der tibetischen Bergwelt herum. Vielleicht würdet ihr ihm das Leben retten, wenn ihr mir verratet, wo er sich aufhält.«

Becca warf Carol unauffällig einen fragenden Blick zu, doch Carol schüttelte unmerklich den Kopf. Sie durften nicht auf Martins Masche hereinfallen. Er war ein Meister der Manipulation. Er hatte nicht vor, Nick zu retten. Sobald er ihn gefunden hatte, würde er ihn umbringen. Um den Auftrag nicht zu gefährden. Und aus Rache.

Als Martin merkte, dass sein Appell keine Wirkung zeigte, wechselte er die Taktik. »Also auf die harte Tour, ja?«, fragte er ungehalten. In seiner Stimme schwang ein schneidender Unterton mit. Er ging vor Carol in die Hocke. Sein Gesicht war ihrem jetzt so nah, dass sie seinen Atem riechen konnte. Der ekelerregende Geruch von altem Zigarettenrauch stieg ihr in die Nase und hätte sie beinahe würgen lassen. Plötzlich spürte sie etwas Kaltes, Hartes an ihrem Hals. Martin hatte ein Messer in der Hand, dessen Spitze sich schmerzhaft in ihre Haut bohrte.

»Du wirst mir jetzt auf der Stelle sagen, wo ich deinen Freund finde. Sonst kannst du nämlich bald gar nichts mehr sagen.«

Trotzig erwiderte Carol den Blick seiner kalten Augen. Obwohl es äußerst unwahrscheinlich war, dass Nick sich nach drei Tagen immer noch in der Nähe des Sees befand, würde sie ihn nicht verraten.

»Mach deinen verdammten Mund auf«, zischte Martin, und seine Augen blitzten gefährlich auf. Carol spürte einen Stich und merkte kurz darauf, wie etwas Warmes an ihrem Hals herablief. Die Spitze des Messers hatte ihre Haut geritzt. Doch sie zuckte nicht zusammen. Reglos hielt sie Martins Blick stand.

»Hören Sie auf, Mann«, rief Miles. »Wir wissen nicht, wo er ist!«

»Aber ihr könnt mir sagen, warum er nicht mehr bei euch war, als wir euch aufgegriffen haben«, erwiderte Martin barsch. »Raus mit der Sprache. Sonst bleibt es nicht bei dem kleinen Kratzer. Dann sitzt ihr hier bald in Gesellschaft einer süßen, blonden Leiche.«

»Als wir mitten in der Nacht aufgebrochen sind, war Nick nicht mehr bei uns«, sagte Jack.

Carol schloss die Augen. Sie hatte geahnt, dass Jack – wie schon bei der Entführung – derjenige sein würde, der als Erster einknickte. Martin hatte gewonnen.

»In der Nähe des Dorfes, in dem wir übernachtet haben, ist Nicks Mutter aufgewachsen«, fuhr Jack fort. »Wir vermuten, dass er sich heimlich rausgeschlichen hat und zu diesem See gegangen ist. Mehr wissen wir auch nicht.«

»Dieser alte Sentimentalist«, knurrte Martin. Er steckte das Messer wieder ein und stand auf. »Was sollte eigentlich dieser überstürzte Aufbruch mitten in der Nacht? Das hat unsere Planung ganz schön durcheinandergeworfen.«

»Man hat uns gewarnt, dass Mitglieder des COSA auf dem Weg zu uns sind«, erwiderte Jack.

»Ach verdammt, diese Typen gehen mir langsam echt auf die Nerven!«, sagte Martin ungehalten. »Wie auch immer, beim See ist Nick nicht mehr. Wir haben die ganze Gegend abgesucht, zu Fuß, mit Wärmebildkameras, sogar mit Drohnen. Mir gefällt nicht, dass er irgendwo da draußen herumläuft. Er hat in der Vergangenheit ein gewisses Talent dafür bewiesen, meine Pläne zu durchkreuzen.« Sein aggressiver Tonfall verschwand. Stattdessen kehrte das überhebliche Grinsen auf sein Gesicht zurück. »Aber wer weiß – wahrscheinlich liegt er in irgendeiner Felsspalte und ist jämmerlich erfroren. Außerdem ist mein Auftrag so gut wie erledigt. Morgen findet die Inthronisierung statt, und danach werde ich auf Nimmerwiedersehen von der Bildfläche verschwinden.«

»Mit einem Sack voller Geld, nehme ich an«, brummte Miles verächtlich.

»Einem?« Martin lachte. »Einem Dutzend, meinst du wohl.«

»Was haben Sie jetzt mit uns vor?«, fragte Becca. Sie versuchte, ihrer Stimme einen angriffslustigen Klang zu verleihen, aber Carol glaubte, auch eine Spur Resignation darin zu hören.

»Das überlegen sich mein Boss und ich noch«, entgegnete Martin leichthin. »Aber macht euch lieber keine allzu großen Hoffnungen, lebend hier rauszukommen.«

»Verdammt, das können Sie nicht machen!!«, schrie Jack

auf und begann, wie verrückt an seinen Fesseln zu zerren. »Sie verdammtes Arschloch! Lassen Sie uns gehen!«

Carol konnte Jacks Verzweiflung nachvollziehen, trotzdem wunderte sie sich über die heftige Reaktion. Martin schien genauso zu denken. Er zog eine Augenbraue hoch und blickte Jack fragend an, kommentierte seinen Ausbruch aber nicht weiter und wandte sich zum Gehen. Die beiden finsteren Wachleute, die sich die ganze Zeit über schweigend im Hintergrund gehalten hatten, folgten ihm. In der Tür blieb Martin noch einmal stehen und wandte sich zu Carol um.

»Ach übrigens, falls du dich fragst, warum dein CBPI nicht funktioniert – ich habe einen Störsender in der Hütte platzieren lassen, damit du nicht in aller Ruhe bei Faber Alarm schlägst. Wie du siehst, habe ich an alles gedacht. Ihr hattet von Anfang an keine Chance gegen mich.« Er zwinkerte Carol zu, lachte auf und war kurz darauf verschwunden.

KAPITEL 29

Nick rutschte auf dem schmalen Felsen, auf dem er Posten bezogen hatte, hin und her, um eine halbwegs bequeme Position zu finden. Es gelang ihm nicht mehr. Er harrte jetzt seit fast vier Stunden an dem Hang oberhalb des Klosters aus, und es grenzte an ein Wunder, dass ihm inzwischen nicht sämtliche Gliedmaßen eingeschlafen waren.

Etwa zwei Stunden zuvor war die Sonne untergegangen, im Kloster kehrte langsam Ruhe ein. Nach der Debattierstunde hatte es Abendessen gegeben, dann hatten die Mönche ausgiebig meditiert und sich schließlich nach und nach in ihre Zimmer zurückgezogen. Die falsche Agententruppe schien ein ganzes Gebäude für sich zu haben. Es befand sich etwas abseits der übrigen Häuser, und Nick vermutete, dass es sich dabei um das Gästehaus handelte.

Nick wollte sichergehen, dass sämtliche Bewohner des Klosters schliefen. Doch in zwei der Fenster brannte immer noch Licht, eines bei den Mönchen, eines im Gästehaus. Verflixt, wann gingen die endlich ins Bett? Ein Stein drückte sich schmerzhaft in sein Hinterteil, und er verlagerte abermals sein Gewicht.

Immerhin hatte er die Wartezeit sinnvoll nutzen können

und aus dem Seil in seinem Beutel eine Strickleiter geknotet. Außerdem hatte er genug Muße gehabt, um sich die perfekte Stelle auszusuchen, an der er über die Klostermauern klettern würde. Wachen hatte er keine entdeckt – offenbar verließ man sich auf die beiden Typen vorne am Tor und natürlich auf die falschen Agenten.

Da! Das Licht bei den Mönchen war ausgegangen, und wenig später lag auch das Gästehaus im Dunkeln. Es konnte losgehen.

Nick erhob sich und kletterte vorsichtig bergab, wobei er sich weiter nach links vorarbeitete, um zu der Stelle an der Mauer zu kommen, die er sich ausgeguckt hatte. Er versuchte, sich so leise wie möglich zu bewegen, was sich in der Dunkelheit als gar nicht so leicht erwies. Immer wieder lösten sich kleine Steinchen unter seinen Schuhen, und einmal verlor er den Halt und schlitterte fast einen Meter hangabwärts. Doch nach ein paar Minuten hatte er schließlich die Stelle erreicht, von der aus er ins Kloster gelangen wollte. Die Mauer verlief in etwa zwei Meter Entfernung zum Abhang, doch an dieser Stelle grenzte sie an einige Felsausläufer, von denen er mit etwas Geschick auf die Klostermauer springen konnte.

Er band das Ende des Seils, aus dem er die Strickleiter geknüpft hatte und von dem noch etwa fünf Meter übrig waren, um einen Felsbrocken und verknotete es fest. Dann lauschte er. Als alles still blieb, warf er die Leiter über die Mauer. Sie würde ihm helfen, rasch und unauffällig wieder aus dem Kloster zu verschwinden.

Jetzt musste er nur noch selbst auf die andere Seite kommen. Er kletterte auf die Felsen hinauf, schätzte die Entfernung zur Mauer ab, nahm Anlauf und sprang. Doch der Abstand war zu weit. Mit voller Wucht prallte er mit der Schulter gegen die steinerne Wand. Ein Schmerz zuckte durch seine rechte Seite, aber er schien nicht ernsthaft verletzt zu sein.

Erst beim dritten Versuch gelang es ihm, sich mit den Händen oben an der Mauer festzuklammern. Er hangelte sich hinauf, schwang sich rasch hinüber und ließ sich auf der anderen Seite hinabgleiten. Die letzten anderthalb Meter musste er sich fallen lassen. Lautlos landete er auf dem lehmigen Boden und verharrte einen Moment, bis er sicher war, dass niemand ihn bemerkt hatte. Dann schlich er los in Richtung Gästehaus.

Geduckt lief er bis zu dem Gebäude, das seinen Beobachtungen zufolge die Küche sein musste und das in vollkommener Dunkelheit vor ihm lag. Im Schutz der Hauswand spähte er um die Ecke in den verlassenen Innenhof. Nichts regte sich. Wenn er Glück hatte, schliefen tatsächlich schon alle, er würde sich also unbemerkt ein wenig umsehen können. Er huschte an der großen Versammlungshalle vorbei und auf das Gästehaus zu.

»Vorsicht«, erklang Brunos Stimme in seinem Ohr. »Da kommt jemand!«

Nick hatte gerade noch genug Zeit, hinter einer Kiste in Deckung zu gehen, als ein Mönch um die Ecke des Gästehauses kam.

Er war zu unvorsichtig gewesen! Nick betete, dass der Mann ihn nicht bemerkt hatte. Er hörte, wie seine Schritte immer näher kamen, und wagte nicht zu atmen. Nun musste er auf Höhe der Kiste sein, doch zu Nicks großer Erleichterung entfernten sich die Schritte wieder. Vorsichtig spähte er hinter seinem Versteck hervor und sah dem Mönch hinterher, der auf den Innenhof zusteuerte. Er machte auf ihn nicht den Eindruck, als sei er auf Patrouille – eher schien er für einen nächtlichen Imbiss in Richtung Küche unterwegs zu sein. Trotzdem – so ein Fehler durfte Nick nicht noch einmal unterlaufen.

»Puh, das war verflixt knapp«, flüsterte er. »Kannst du mich beim nächsten Mal etwas früher warnen?«

»Tut mir leid«, erwiderte Bruno. »Meine Systeme sind offenbar doch noch etwas angeschlagen. Außerdem komme ich gerne noch einmal auf den Termin mit der Entwicklungsabteilung zurück, den du ausmachen wolltest.«

»Ja, ja.«

»Versprochen ist versprochen und wird auch nicht ge-«

»Jaa-haaa«, würgte er Bruno so leise wie möglich ab.

Er wartete, bis der Mönch außer Sicht war, dann schlich er weiter zum Gästehaus. Die Unterkunft war, genau wie alle anderen Gebäude des Klosters, sehr einfach gehalten. An der Stirnseite befand sich ein Eingang.

Die Tür war aufgestellt, offenbar, um etwas Luft hineinzulassen. Nick spähte vorsichtig ins Innere und erkannte einen schmalen Flur, von dem links und rechts je drei Türen abgingen. Er wunderte sich, dass die falschen Agenten nirgendwo eine Wache postiert hatten. Sie schienen sich ihrer Sache sehr sicher zu sein.

Er lauschte einen Moment lang. Da alles ruhig blieb, schlich er vorsichtig in den Flur hinein und steuerte die erste Tür auf der rechten Seite an. Er hatte keine Ahnung, was er dahinter vorfinden würde, aber da er generell nicht wusste, wonach er eigentlich suchte, war diese Tür so gut wie jede andere auch. So geräuschlos wie möglich drückte er die Klinke hinunter und schlüpfte in das Zimmer. In dem schlichten Raum, der ihn sehr an seine winzige Zelle in dem nepalesischen Kloster erinnerte, standen ein Schrank, ein Tisch, zwei Stühle und zwei Betten, die beide belegt waren. Die gleichmäßigen Atemzüge und das gelegentliche Schnaufen ließen jedoch keinen Zweifel daran, dass die Personen darin schliefen.

Nick sah sich etwas genauer um, zumindest, soweit es in der Dunkelheit möglich war. Durch ein kleines Fenster fiel Mondlicht herein, was ihm sein Vorhaben ein wenig erleichterte. Zwischen den wild im Zimmer verstreuten Kleidungsstücken erkannte er zwei Rucksäcke, die am Tisch abgestellt worden waren. Vorsichtig durchsuchte er den ersten, fand aber außer einer Trinkflasche, einer Powerbank und einer Straßenkarte von Lhasa nichts, was ihn irgendwie weitergebracht hätte. Der zweite Rucksack ergab ein ähnliches Ergebnis. Als er auf ein Stück Stoff stieß und kurz darauf eine Unterhose in der Hand hielt – die hoffentlich unbenutzt war! –, beschloss er, dass er so nicht weiterkam. Er ließ seinen Blick noch einmal durch das

Zimmer schweifen, dann schlich er zum Schrank und öffnete ihn.

Ein leises, aber durchdringendes Quietschen ertönte aus Richtung der altersschwachen Scharniere. Prompt begann es in einem der Betten zu rascheln. Nick erstarrte. Einer der Schlafenden wälzte sich unruhig hin und her, doch nach ein paar kurzen Schnaufern kehrte wieder Ruhe ein. Nick warf einen Blick in den Schrank, der aber, wie er aufgrund der herumliegenden Klamotten bereits erwartet hatte, leer war.

Wieder raschelte es, und plötzlich sagte jemand etwas. Nick hatte die Worte nicht verstanden, aber sie klangen ziemlich aggressiv. War der Typ doch aufgewacht und hatte ihn bemerkt? Wieder die Worte, wieder in dem aggressiven Singsang. Nick wandte sich langsam zu den Betten um. Er hatte erwartet, dass sich einer der beiden aufgerichtet hätte oder sogar aufgestanden wäre, doch die Jungs lagen nach wie vor flach im Bett, die Decken fest um sich gewickelt. Nichts deutete darauf hin, dass sie ihn bemerkt hatten. Und dann begriff Nick. Offenbar träumte einer der beiden und sprach dabei im Schlaf. Deswegen hatte er die Worte auch nicht genau verstanden.

Er hätte am liebsten erleichtert aufgelacht. Falscher Alarm. Trotzdem beschloss er, zu verschwinden. Hier würde er nichts mehr finden, das ihn weiterbrachte.

Er verließ das Zimmer und schloss leise die Tür hinter sich. Noch während er überlegte, ob er zunächst die gegenüberliegende Tür nehmen oder sich weiter in der Reihe vorarbeiten sollte, hörte er auf einmal Schritte von draußen. War das der Mönch, dem er vorhin begegnet war? Die Schritte wurden lauter, und sie näherten sich eindeutig dem Eingang des Gästehauses.

Nick unterdrückte nur mühsam einen Fluch. Er huschte zur nächsten Tür an der rechten Seite, drückte die Klinke hinunter und schlüpfte genau in dem Moment in das Zimmer, als jemand den Flur betrat. Nick hielt den Atem an und lauschte angespannt an der geschlossenen Tür. Hoffentlich wollte, wer auch immer dort draußen unterwegs war, nicht ausgerechnet in dieses Zimmer. Doch er hatte auch dieses Mal Glück. Die Gestalt ging an der Zimmertür vorbei und blieb kurz darauf stehen. Er hörte ein leises Scharren, dann herrschte Stille.

Nick öffnete die Tür vorsichtig einen Spaltbreit und lugte hinaus. Vor der letzten Tür auf der linken Seite saß ein junger Mann auf dem Boden, dessen Gesicht von dem schwachen Schein eines Handy-Displays beleuchtet wurde. Nick ging jede Wette ein, dass sich in dem Zimmer, vor dem der Typ Posten bezogen hatte, der falsche Dalai Lama befand. Also gab es doch eine Wache, die wahrscheinlich nur kurz menschlichen Bedürfnissen nachgegangen war. Das erschwerte die Sache deutlich.

Nick hatte nun keine Chance mehr, unbemerkt aus dem Gästehaus herauszukommen. Doch mit diesem Problem würde er sich später beschäftigen. Er schloss die Tür lautlos und wandte sich um. Das Zimmer sah im Prinzip genauso aus wie das Zimmer nebenan, außer dass nur eins der Betten belegt war. Der junge Mann darin atmete in regelmäßigen, schweren Zügen.

Außerdem war es um einiges aufgeräumter. Nur auf dem kleinen Tisch herrschte ein ziemliches Durcheinander aus verschiedenen Papieren, Zetteln und Unterlagen. Nick beugte sich darüber, in der Hoffnung, irgendetwas zu finden, was ihm weiterhelfen würde. In diesem Moment klingelte ein Telefon.

Der Ton zerriss die nächtliche Stille und hatte bei Nick in etwa den gleichen Effekt wie das Kreischen einer Motorsäge. Ihm blieb fast das Herz stehen vor Schreck, doch zum Glück schaltete sein Verstand sofort auf Autopilot. Er huschte in Windeseile zum Schrank, öffnete ihn, wobei das Quietschen dieses Mal ausblieb, und versteckte sich zwischen den Jacken und Hemden, die säuberlich dort aufgehängt worden waren.

Das Klingeln verstummte, und eine verschlafene Stimme erklang. »Ja?«, brummelte der junge Mann mürrisch ins Telefon. »Entschuldigen Sie, Sir, aber in Tibet ist es mitten in der Nacht … Selbstverständlich, Sir. Ich stehe Ihnen rund um die Uhr zur Verfügung … Ja, morgen läuft alles nach Plan. Wir werden gegen Vormittag im Potala-Palast erwartet. Niemand ahnt etwas.«

Es entstand eine längere Pause. Nick lauschte angestrengt, um nur ja kein Wort zu verpassen. Offenbar war er hier an den Chef der falschen Agenten geraten.

»Das ist keine Kleinigkeit, Sir. Ich befürchte, das kostet extra … In Ordnung. Schicken Sie mir das Bild von dem

Jungen. Und die Koordinaten der Hütte … Keine Sorge, Sir. Wir wissen, wie man Spuren verwischt. Es wird so aussehen, als wären sie niemals in Tibet gewesen. Diese angeblichen Super-Agenten werden für immer in den Weiten des Himalaya verschwinden.«

KAPITEL 30

Stille. Das Telefonat war beendet worden. Nick hörte zwei Mal ein leises »Ping« für eine eingehende Nachricht und kurz darauf ein zustimmendes Brummen des Mannes. In Nicks Ohren rauschte das Blut. Wenn er das Ganze korrekt verstanden hatte, dann hatte die falsche Agententruppe gerade den Auftrag bekommen, die »richtigen« Agenten umzubringen. Und dafür hatte irgendjemand dem Mann den genauen Aufenthaltsort von Carol und den anderen mitgeteilt. Irgendwie musste er an diese Koordinaten kommen!

Die Tür wurde geöffnet. Eine zweite männliche Stimme fragte: »Alles okay, Bruce? Ich hab dich reden hören.«

»Ja, alles in Ordnung«, kam die Antwort. »Wir haben einen kleinen Nebenauftrag bekommen. Wird uns 'ne hübsche Stange Geld einbringen. Alles ruhig bei dir?«

»Ja, hier tut sich nichts. Mir ist nur irgendwie das Essen nicht bekommen, ich muss ständig aufs Klo. Es ist echt ein Elend, dass die hier nur so bescheuerte Latrinen haben. Ich komm mir vor wie im Mittelalter.«

»Morgen hast du's überstanden, dann verschwinden wir von hier. Ich löse dich in zwei Stunden ab. Jetzt verzieh dich, damit ich noch ein bisschen pennen kann.«

»Oho, die Prinzessin braucht ihren Schönheitsschlaf. Dann will ich nicht weiter stören. Träum was Schönes.«

Die Tür wurde wieder geschlossen. Der Mann knurrte irgendetwas Unverständliches, kurz darauf raschelte die Bettdecke. Dann hörte Nick nichts mehr. Offenbar war Bruce wieder ins Bett gegangen.

Nick hielt es kaum noch aus in dem engen Schrank. Sein linkes Bein drohte einzuschlafen, weil er vollkommen verdreht stand. Außerdem brauchte der Träger des Hemdes, das direkt vor seiner Nase hing, dringend ein neues Deo. Trotzdem blieb er noch weitere fünf Minuten reglos stehen, bevor er es wagte, die Tür ein Stück zu öffnen und hinauszuschauen. Ein leises Schnarchen überzeugte ihn davon, dass Bruce wieder eingeschlafen war. Vorsichtig schlich er Richtung Bett und entdeckte schon nach kurzer Zeit, wonach er gesucht hatte: Das Handy lag auf dem Boden, direkt neben einer kleinen Handfeuerwaffe.

Nick ging langsam in die Hocke und nahm das Telefon an sich, ohne dabei einen Laut zu verursachen. Genauso langsam zog er sich ein paar Schritte zurück, bevor er versuchte, das Handy zu aktivieren. Wie erwartet war es mit einer PIN gesichert. Verflixt. Jetzt hätte er Carols Hilfe gebrauchen können.

»Bruno, siehst du irgendeine Chance, die PIN des Handys zu knacken?«, wisperte Nick.

»Ich versuch's mal. Wenn ich mich über Bluetooth mit dem Handy verbinde, könnte ich –«

»Mach einfach. Ich muss diese Nachrichten lesen.«

»Ist ja schon gut. Deswegen muss man ja nicht gleich so unfreundlich werden. Ich versuch mein Glück. Kann aber eine Weile dauern.«

Während Bruno versuchte, sich in die Schaltkreise des Handys einzuhacken, behielt Nick den schlafenden Mann im Auge. Wer waren diese Typen? Machten sie das alles nur für Geld? Wer steckte hinter dieser ganzen Austauschaktion? Mit wem hatte der Mann vorhin telefoniert? Und gehörte der »falsche« Dalai Lama ebenfalls zu den Söldnern oder war er wie Jang ein junger Mönch, dem man eröffnet hatte, er sei die Reinkarnation des 14. Dalai Lama?

»Ich bin drin«, meldete Bruno in diesem Moment Vollzug. Nick sah hinab auf das Display. Der Startbildschirm wurde angezeigt, sodass er nun Zugriff auf sämtliche Dateien hatte. Nick öffnete die Nachrichten. Nur zwei, vor etwa fünfzehn Minuten, von einer unbekannten Nummer. Nick klickte auf die erste. Auf dem Bildschirm erschien ein Foto von ihm selbst. Die Typen hatten also den Auftrag, ihn zu suchen, was ihn nicht weiter verwunderte. Sie konnten es sich nicht erlauben, irgendwelche Zeugen am Leben zu lassen. Die zweite Nachricht enthielt eine Reihe von Koordinaten.

»Bruno, wo befinden sich diese Koordinaten?«

»Sie bezeichnen eine Stelle in den Bergen, etwa eine Stunde außerhalb von Lhasa. Ziemlich abgelegen, wie es scheint.«

»Bingo!«, dachte Nick. Dann klickte er in die Anruflisten, wo sich jedoch nur drei Anrufe mit unterdrückter Nummer befanden. Auch die Kontakte waren leer. Ein klassisches Wegwerf-Handy, das nur für diesen Auftrag in Gebrauch war und danach entsorgt wurde. Weitere Informationen würde er hier nicht mehr bekommen.

Nick schlich zurück zum Bett und legte das Handy vorsichtig wieder genauso hin, wie zuvor. Das war tatsächlich leichter gewesen als gedacht. Jetzt musste er nur noch unbemerkt rauskommen.

Er ging zur Tür, öffnete sie einen Spaltbreit und lugte hinaus. Der Typ, der Wache schob, saß wieder vor der Tür auf dem Boden und war mit seinem Handy beschäftigt. Obwohl er abgelenkt war, war sich Nick sicher, dass er jede Bewegung auf dem Gang bemerken würde. Nick überlegte, ob er stattdessen versuchen sollte, aus dem schmalen Fenster des Zimmers nach draußen zu klettern, auch wenn er dabei riskierte, den Schlafenden aufzuwecken. In diesem Moment stöhnte der Typ im Gang plötzlich auf und fasste sich an den Bauch. Er steckte sein Handy weg, sprang auf und lief eilig den Flur entlang ins Freie. Nick grinste. Praktisch, so eine Magenverstimmung. Damit war sein Fluchtweg soeben frei geworden.

Lautlos verließ er das Zimmer, schlich durch den Flur auf den Hof hinaus und drückte sich auf dem Weg zurück zur Mauer immer wieder in die Schatten der Gebäude, verharrte, lauschte. Doch er hatte Glück. Das Kloster war wie ausgestorben, niemand kreuzte mehr seinen Weg.

Nur noch ein kurzes ungeschütztes Stück, dann hatte er die Mauer erreicht. Und dann musste er so schnell wie möglich zu diesem Ort in den Bergen kommen. *Vor* den falschen Agenten. Und möglichst auch *vor* der Inthronisierung. Aber wie sollte er das anstellen? Ob er nicht doch besser Faber kontaktierte? Andererseits hatte er nach wie vor keine Ahnung, wer der Verräter war … Nein, solange er nicht wusste, wer hinter dem Austausch steckte, musste er es auf eigene Faust probieren.

Unbehelligt erreichte er die Stelle, an der die Strickleiter über der Mauer baumelte. Er sah sich noch einmal prüfend um, dann kletterte er rasch daran hinauf und ließ sich auf der anderen Seite zu Boden gleiten. Er war gerade dabei, die Leiter einzuholen, als er plötzlich von hinten gepackt wurde und sich ihm eine Hand über den Mund legte.

KAPITEL 31

»Kein Wort. Wenn du schreist, geht's dir schlecht. Verstanden?«, zischte eine Stimme hinter ihm. Als Nick leicht den Kopf bewegte, glitt die Hand von seinem Mund und der Griff lockerte sich etwas, sodass er sich herumdrehen konnte. Vor ihm standen ein Junge und ein Mädchen, beide etwa in seinem Alter, und beide in dunkle, hautenge Anzüge mit Kapuzen gekleidet, die Nick ein bisschen an Taucheranzüge erinnerten. Warum zum Teufel hatte Bruno die beiden nicht bemerkt? War sein Scanner jetzt vollkommen außer Gefecht gesetzt?

Während der Junge Nicks Arme mit eisernem Griff auf den Rücken gedreht hatte, beugte sich das Mädchen zu ihm. »Wer bist du und warum schleichst du nachts in dem Kloster herum?«, zischte sie leise.

»Sightseeing«, antwortete Nick. »Ich interessiere mich für buddhistische Architektur.«

Sie verpasste ihm einen derart heftigen Schlag in die Rippen, dass ihm die Luft pfeifend aus der Lunge entwich.

»He, nicht so grob«, keuchte Nick.

»Noch mal: Wer bist du?«, wollte das Mädchen wissen. »Und glaub mir, ich frage kein drittes Mal.«

»Nick. Schön, dich kennenzulernen. Und wer bist du?«

Sie wollte gerade zu einem erneuten Schlag ausholen, doch dann stutzte sie. Rüde zog sie seinen rechten Arm zu sich heran und schob seinen Ärmel so weit hoch, dass das silberne Armband zum Vorschein kam. »Nick?«, fragte sie. »Dominik Nader?«

»Genau der«, erwiderte Nick verblüfft.

»Lass ihn los, Brian«, sagte das Mädchen daraufhin. »Er ist einer von uns.«

Nick rieb sich die schmerzenden Arme und betrachtete die beiden Jugendlichen dann mit einer Mischung aus Misstrauen und Neugierde. »Und wer zum Teufel seid ihr?«, fragte er.

»Amy Johnson und Brian Lockhead, MI6«, erwiderte der Junge. »Besser, wir verschwinden erst mal von hier, bevor uns noch jemand bemerkt.«

Nick beschloss, sämtliche Nachfragen auf später zu verschieben, denn Brians Vorschlag klang vernünftig. Die beiden halfen ihm, die Strickleiter einzuholen, dann liefen sie an der Mauer entlang zur Straße. Als sie sich weit genug vom Kloster entfernt hatten, blieben die beiden MI6-Agenten stehen und bauten sich herausfordernd vor ihm auf.

»Also schön, Nick Nader«, sagte Amy und stemmte die Hände in die Seiten. »Warum kletterst du heimlich über die Klostermauern, anstatt einfach das Eingangstor zu nehmen?«

»Gegenfrage«, erwiderte Nick. »Warum seid ihr so bedacht darauf, dass uns niemand im Kloster hört, wenn ihr doch Teil des Teams seid?«

Amy und Brian warfen sich einen Blick zu und schienen eine stumme Übereinkunft zu treffen.

»Weil da drin irgendetwas nicht stimmt«, antwortete Brian schließlich.

»Ich kann euch genau sagen, was nicht stimmt«, sagte Nick. »Das da drin ist nicht unser Team. Die Agenten und der Dalai Lama sind falsch.«

»Wusste ich's doch!«, rief Amy.

»Was ist passiert?«, fragte Brian verblüfft. »Und warum bist du alleine hier? Wo sind die übrigen Teammitglieder?«

»Ich bin von den anderen getrennt worden. Ich weiß nicht genau, was geschehen ist, aber die anderen sind in großer Gefahr. Sie werden irgendwo in den Bergen festgehalten und sollen umgebracht werden«, sprudelte es aus Nick heraus.

»Du kommst jetzt erst mal mit zu uns«, beschloss Brian. »Und dann erzählst du von Anfang an.«

Sie liefen ein Stück stadteinwärts und bogen in eine Seitenstraße ab, wo zwei Fahrräder an einer Hauswand lehnten.

»Du musst leider auf den Gepäckträger«, sagte Brian achselzuckend.

»Schon in Ordnung«, erwiderte Nick.

Zehn Minuten später hätte er diese Aussage gerne zurückgenommen. Nach einer halsbrecherischen Fahrt durch Lhasas Straßen drückten sich die Metallstreben des Gepäckträgers unangenehm in seinen Allerwertesten – und das, nachdem er schon den halben Nachmittag auf dem furchtbar unbequemen Felsen hatte ausharren müssen. Doch zum

Glück hielten Amy und Brian in diesem Moment vor einem unscheinbaren Mehrfamilienhaus.

»Endstation. Wir sind da.« Brian stieg ab.

»Und wo genau ist ›da‹?«, fragte Nick, während er erleichtert von dem Gepäckträger kletterte.

»In unserem Quartier«, erwiderte Brian. »Ist offiziell ’ne Airbnb-Wohnung. Die Leute in dem Haus glauben, wir sind Touristen.«

Sie betraten das Haus und gingen die Treppe hinauf in den ersten Stock. Amy schloss die Eingangstür zu einer kleinen Wohnung auf, die lediglich aus einem Wohnraum mit Kochnische, einem winzigen Bad und einem weiteren Raum bestand, in dem Amy auch sogleich verschwand. Offenbar diente er ihr als Schlafzimmer.

»Bitte entschuldige mich, ich muss als Allererstes aus diesem Anzug raus«, sagte Amy, bevor sie die Tür hinter sich schloss.

»Geht mir genauso«, sagte Brian. »Die Dinger fangen irgendwann ganz furchtbar an zu zwicken.« Er ging zu einem Schrank, holte einen Stapel Kleidung heraus und warf sie Nick zu. »Sind dir wahrscheinlich ein bisschen zu groß, aber immer noch besser als das, was du jetzt gerade anhast.« Er sah grinsend an Nick herab. »Es sei denn, du stehst auf das Outfit.«

Dankbar fing Nick die Jeans, das T-Shirt und den Kapuzenpulli auf. In Wahrheit konnte er es kaum erwarten, aus dem schweren Nomadengewand herauszukommen.

»Danke«, sagte er und begann sich umzuziehen. Dabei

warf er immer wieder verstohlene Blicke zu Brian, der zunächst eine versteckte Öffnung an der Seite seines Ganzkörperanzugs auseinanderzog und dann begann, sich unter einigem Ächzen und Stöhnen aus dem engen Material herauszuschälen. Fasziniert beobachtete Nick, wie Brian den Anzug schließlich flach zusammenfaltete und in einer kleinen Tasche verstaute.

»Was sind das für Anzüge?«, fragte Nick. »Ich habe so ein Material noch nie gesehen.«

»Tarnanzüge«, erwiderte Brian. »Wenn wir sie anhaben, kann man uns nicht orten.«

»Ist ja irre«, meinte Nick und schüttelte den Kopf. »Davon habe ich noch nie gehört.«

»Tja, wir haben zwar keine Spezialbegabungen wie ihr, dafür aber eine spezialbegabte Entwicklungsabteilung«, sagte Brian grinsend.

Nick nickte anerkennend. »Jetzt verstehe ich auch, warum Bruno euch nicht bemerkt hat.«

»Dir sind die beiden im Übrigen auch nicht aufgefallen«, entgegnete Bruno schnippisch. »Ich bin hier nicht der Einzige, der die Umgebung im Auge behalten sollte.«

Nick ignorierte den Kommentar, auch wenn er zugeben musste, dass Bruno nicht ganz unrecht hatte. Er hatte nur auf potenzielle Gefahren innerhalb der Klostermauern geachtet, nicht auf diejenigen, die außerhalb lauerten.

»Ist Bruno dein CBPI?«, fragte Brian, der sich mittlerweile Jeans und Pullover angezogen hatte. In normaler Kleidung und mit den blonden Locken, die unter der Kapuze zum

Vorschein gekommen waren, wirkte er eher wie ein Rucksacktourist als wie ein Spezialagent.

»Genau«, erwiderte Nick. »Habt ihr auch welche?«

»Jep«, machte Brian und zeigte ihm sein rechtes Handgelenk, an dem er ein ganz ähnliches Armband trug. »Nur geben wir ihnen keine Namen. Und schon gar nicht so abgefahrene.«

»Oh bitte, nicht schon wieder«, murmelte Nick.

»Was ist ›abgefahren‹?«, fragte Amy, die gerade aus dem Nebenzimmer kam. Auch sie trug nun Jeans und T-Shirt. Ihre langen Haare waren zu einem Zopf geflochten.

»Ach, nichts«, erwiderte Nick. »Wenn ihr hier seid, um für eine sichere Ankunft Jangs zu sorgen, warum habt ihr denn dann nicht mitbekommen, dass irgendetwas faul ist?«

»Wow, du redest nicht lange um den heißen Brei, was?«, fragte Amy halb amüsiert, halb empört. »Es stimmt – wir sind seit etwa einer Woche in der Stadt. Es war alles ruhig, mal davon abgesehen, dass sich sämtliche Einwohner ganz enthusiastisch auf das Fest anlässlich der Krönung morgen vorbereiten. Und als die fünf Agenten mit dem Dalai Lama-Jungen vor drei Tagen hier aufgetaucht sind, haben wir zunächst keinen Verdacht geschöpft. Schließlich wussten wir nicht, wie ihr ausseht. Fünf Jugendliche, ein tibetischer Junge, hat alles gepasst.« Amy warf Brian einen schwer zu deutenden Blick zu, sprach aber nicht weiter.

»Und warum seid ihr doch misstrauisch geworden?«, fragte Nick. »Irgendwas muss passiert sein, sonst wärt ihr ja nicht mitten in der Nacht in Tarnanzügen zum Kloster geschlichen.«

Amy zögerte erneut. Schließlich übernahm Brian das Wort. »Es klingt immer so unprofessionell, wenn man sagt, dass man ein schlechtes Gefühl hatte. Aber genau so war es. Irgendwie kam uns die Sache plötzlich doch komisch vor, ohne dass wir sagen konnten, warum. Wir wollten in das Kloster rein und mit euch sprechen, aber man hat uns am Tor ziemlich aggressiv abgewimmelt. Deswegen beschlossen wir, uns diese Nacht ins Kloster zu schleichen. Nur kamst du uns dabei zuvor.«

»Und jetzt bist du dran«, sagte Amy. »Was geht hier vor sich? Warum warst du nicht bei deinen Leuten, als sie entführt wurden? Und wer zur Hölle sind diese Typen im Kloster?«

In Kurzfassung berichtete Nick, was in den letzten Tagen geschehen war – wobei er nur kurz darauf einging, aus welchem Grund er von der Gruppe getrennt worden war, und etwas ausführlicher erzählte, was er im Kloster herausgefunden hatte. »Die Koordinaten führen an irgendeinen abgelegenen Ort in den Bergen, etwa eine Autostunde von hier«, endete er. »Wir müssen so schnell wie möglich dorthin kommen, um die anderen zu befreien. Und um zu verhindern, dass morgen der falsche Dalai Lama gekrönt wird.«

Amy hatte während seiner letzten Worte ein merkwürdiges, längliches Gebilde aus einer Schublade geholt, das sie nun auf dem Tisch ausrollte und das sich als Flachbildschirm entpuppte. »Wie lauten die Koordinaten?«, fragte sie.

Bruno diktierte die Zahlen, und Nick notierte sie auf einem Zettel. Amy nahm den Zettel, beugte sich über den Bildschirm und sagte: »Zeige 29 Grad, 43 Minuten und 52 Sekunden nördliche Breite, 91 Grad, 6 Minuten und 42 Sekunden östliche Länge.«

Sofort erwachte der Bildschirm zum Leben. Ein Satellitenbild von Tibet leuchtete auf, und nach wenigen Sekunden zoomte das Bild auf einen Punkt nördlich von Lhasa. »Geh näher ran«, sagte Amy. Das Bild zoomte weiter rein. Die Auflösung blieb jedoch gestochen scharf, als wäre das Foto aus einer Entfernung von zwanzig oder dreißig Metern aufgenommen worden. Es zeigte eine schmale Straße, die sich in Serpentinen nach oben schraubte. Eine Abzweigung endete nach etwa zweihundert Metern auf einem Felsplateau, und auf diesem Plateau glaubte Nick, ein kleines Haus stehen zu sehen. »Bingo«, rief er. »Das muss es sein.«

»Der Platz ist perfekt gewählt«, sagte Brian. »Es führt nur dieser eine Weg zu dem Haus. Von dem Plateau kann man vermutlich die gesamten Serpentinen überblicken. So fällt jeder, der sich dem Haus nähert, sofort auf.«

»Und um uns über die Berge zu nähern, haben wir nicht genug Zeit«, sagte Nick.

»Wir könnten einen Hubschrauber anfordern«, sagte Amy. »Das wäre die schnellste Lösung, wenn auch nicht die eleganteste.«

»Und riskieren, dass sie die Geiseln umbringen, wenn sie den Hubschrauber bemerken? Auf gar keinen Fall«, widersprach Nick.

»Nick hat recht«, stimmte Brian ihm zu. »Aber mir kommt da gerade noch eine andere Idee. Entschuldigt mich kurz, ich muss mal schnell telefonieren.«

Nick warf Amy einen fragenden Blick zu. »Weißt du, was er vorhat?«

»Ich glaube schon. Aber mal abwarten, ob es überhaupt funktioniert. Willst du was essen?«

Nick fiel auf, dass er wieder einmal fast den ganzen Tag nichts zu sich genommen hatte. Während Brian im Nebenzimmer telefonierte, versorgte Amy Nick mit etwas zu trinken und einem Sandwich, das offenbar noch vom Abendessen der beiden übrig geblieben war.

Kurz darauf kehrte Brian zurück. »Es klappt. Das wäre die perfekte Lösung. Sofern du dir das zutraust.«

Mit wenigen Worten setzte er den beiden seinen Plan auseinander. Amy blickte skeptisch drein, doch Nick sprang begeistert auf. »Das ist genial. Genau so machen wir das.«

»Und du bist dir sicher, dass du das schaffst?«, fragte Brian noch einmal.

»Wenn du es mir vernünftig erklärst, dann ja«, versicherte Nick ihm.

»Also schön. Dann legen wir uns jetzt am besten alle noch für ein paar Stunden hin. Im Morgengrauen geht's los.«

»Wieso nicht jetzt sofort?«, wollte Nick wissen. »Uns rennt die Zeit davon. Ich will nicht noch länger hier herumsitzen und warten, obwohl meine Freunde in Gefahr sind.«

»Das kann ich gut verstehen«, erwiderte Brian. »Aber im Dunkeln ist es viel zu gefährlich. Wenn du dir den Hals brichst, hilfst du überhaupt niemandem. Wir warten bis morgen!«

»Du kannst auf dem Sofa schlafen«, sagte Amy und erklärte die Diskussion damit ebenfalls für beendet. »Brian nimmt heute ausnahmsweise den Boden, nicht wahr?« Mit einem liebenswürdigen Grinsen verabschiedete sie sich ins Nebenzimmer.

Frustriert ließ sich Nick auf die verschlissene Couch fallen. Brian hatte recht. Er war verdammt müde. So schwer es ihm auch fiel, er würde versuchen, noch ein wenig zu schlafen. In ein paar Stunden würde er seine ganze Kraft und Konzentration benötigen.

KAPITEL 32

Der Motor der Cessna Caravan dröhnte in seinen Ohren. Sie hatten ihre Flughöhe erreicht. Die kleine Maschine drehte gerade eine elegante Kurve, und schon bald würden sie an der Stelle angekommen sein, an der er das Flugzeug wieder verlassen sollte. Im freien Fall.

Nicks Zuversicht des vergangenen Abends war inzwischen verflogen, und er fragte sich nicht zum ersten Mal, ob das nicht gerade die bescheuertste Idee war, die er je gehabt – oder besser, der er je zugestimmt hatte. Im Morgengrauen waren Brian und Nick von einem jungen Tibeter abgeholt worden, der sie zu dem kleinen Flugplatz außerhalb der Stadt gebracht hatte. Amy war in Lhasa geblieben, um die Überführung des falschen Dalai-Lama-Jungen in den Potala-Palast im Auge zu behalten. Um die frühe Uhrzeit war der Flugplatz vollkommen ausgestorben gewesen, sodass niemand sie gestört hatte, als sie in einen Schuppen gegangen waren, wo Brian Helm, Brille und einen Rucksack aus einem Regal genommen und Nick mit einem aufmunternden Grinsen in die Hand gedrückt hatte.

Nun war es bald so weit. Die Landung auf dem Felsplateau würde extrem schwierig werden, aber Nick dachte daran, was auf dem Spiel stand. Für das Leben von Carol und den anderen war er bereit, das Risiko einzugehen.

In diesem Moment wandte Brian sich vom Pilotensitz aus zu ihm um und machte das Daumen-hoch-Zeichen. Es war so weit.

Nick entriegelte die Tür in der Seitenwand der Cessna und schob sie zur Seite. Sofort wirbelte kalte Luft in die kleine Kabine, und es erscholl ein ohrenbetäubender Lärm. Nick setzte sich an den Rand der Maschine und ließ die Beine heraushängen. Eins hatte er in der Vergangenheit gelernt – man durfte in solch einer Situation nicht lange nachdenken. Also holte er noch einmal tief Luft – und ließ sich nach vorne in den Abgrund fallen.

Für einen Moment verschwammen alle Umrisse vor seinen Augen, er sah nur noch graue und braune Flächen, während die Bergwelt mit unfassbarer Geschwindigkeit auf ihn zuraste. Sein Gesicht wurde taub von der eisigen Kälte, und in seinen Ohren donnerte der Wind. Wie in Trance bemerkte er, dass sein Körper anfing zu trudeln. Er zwang sich, sich zu konzentrieren, machte ein Hohlkreuz und brachte Arme und Beine in X-Stellung. Tatsächlich beruhigte sich sein Fall wieder, bevor er vollends die Kontrolle verlor.

Der Fallschirm. Es wurde Zeit. Nick griff nach hinten und öffnete eine kleine, separate Tasche des Rucksacks. Er zog an dem Stück Stoff, das sich darin befand und das sich in dem Luftstrom zu einem kleinen Hilfsschirm entfaltete, der wiederum den Hauptschirm aus dem Rucksack zog.

Mit einem heftigen Ruck wurde Nick zurückgerissen. Der freie Fall war vorüber, stattdessen pendelte er kurz hin und her und hing schließlich in den Gurten des Rucksacks. Sanft glitt er durch die Luft, unter ihm die zerklüftete Bergwelt Tibets.

Er brauchte einen Moment, um sich zu orientieren. Dann erkannte er ein ganzes Stück weiter links das Felsmassiv von den Satellitenbildern wieder. Er war offenbar ziemlich weit abgetrieben worden, aber er befand sich noch hoch genug, um seine Position zu korrigieren. Er griff in die beiden Handschlaufen und lenkte den Fallschirm durch Ziehen daran in die richtige Richtung.

Wenige Minuten später hatte er das Felsmassiv erreicht. Er war jetzt so tief, dass er immer mehr Einzelheiten zwischen den grauen Felsen erkennen konnte. Schon bald hatte er die Straße ausgemacht, die zu der Hütte hinaufführte, wenig später erkannte er auch das Felsplateau und die Hütte selbst. Davor parkte ein schwarzer Geländewagen. Von den möglichen Bewachern war jedoch nichts zu sehen.

Da die Wächter besonders die Straßenseite im Auge behalten würden, versuchte er, die Hütte von der hinteren Seite aus anzufliegen, in der Hoffnung, dass von hier aus niemand mit einem Angriff rechnete. Das Plateau war an dieser Stelle noch etwa zwanzig Meter breit, was die Landung zwar extrem kompliziert, aber nicht unmöglich machen würde.

Nick steuerte in sanften Kreisen immer näher auf das Plateau zu. Dabei behielt er sowohl die Hütte im Auge als auch die Felswand, an der sie stand und der er unter gar keinen Umständen zu nahe kommen durfte.

Nick hatte Glück. Es war verhältnismäßig windstill, und die erwarteten Luftverwirbelungen am Berg blieben aus.

Nach einem weiteren großen Kreis befand er sich schließlich so nah an der Felswand, wie er konnte, ohne dass der Schirm Gefahr lief, das Gestein zu touchieren.

Nun folgte der schwierigste Part. Sobald er sich genau über dem Plateau befand, würde er versuchen, den Fallschirm die verbleibenden Meter in einer Spirale senkrecht nach unten zu steuern. Verfehlte er dabei das Plateau, hatte er keine Möglichkeit mehr, an Höhe zu gewinnen und es ein weiteres Mal zu probieren. Ihm blieb nur dieser eine Versuch.

Konzentriert schaute er nach unten. Er war noch zwanzig Meter vom Plateau entfernt. Noch zehn. Noch fünf. Jetzt!

Er zog so kräftig wie möglich an der linken Schlaufe. Sofort begann der Fallschirm, sich nach unten zu schrauben. Das Plateau kam näher und näher. Nick hielt die Luft an. Verflixt. Er driftete zu weit nach rechts. Er korrigierte einmal, zweimal, dann war er sicher: Es funktionierte!

Das Plateau raste auf ihn zu, dann setzte er mit einem unsanften Stolpern auf dem felsigen Untergrund auf. Der Schirm glitt hinter ihm zu Boden. Er hatte es geschafft!

Nick hätte gerne kurz durchgeatmet und die letzten Minuten Revue passieren lassen, doch dazu war keine Zeit. Rasch öffnete er die Gurte des Rucksacks und nahm Helm und Schutzbrille ab.

In der Hütte regte sich nichts. Seine Ankunft war offenbar unbemerkt geblieben. Doch Nick machte sich nichts vor – ein Blick aus einem der rückwärtigen Fenster, und man würde ihn sofort entdecken. Er musste sich beeilen. Rasch lief er auf das Gebäude zu und duckte sich unter eines der Fenster.

»Kannst du das Innere der Hütte scannen, Bruno?«, wisperte Nick. »Auf die Entfernung müsste dein Scanner doch funktionieren, oder?«

»Eigentlich schon«, erwiderte Bruno. »Aber meine Signale werden von irgendetwas blockiert. Vielleicht ein Störsender.«

»Mist. Die denken echt an alles. Dann müssen wir es eben anders versuchen.«

Vorsichtig richtete er sich auf und spähte durch das Fenster. Sein Blick fiel in eine kleine Küche, in der offene Konservenbüchsen und Plastikflaschen herumstanden. Er ging wieder in Deckung und huschte weiter. Als er durch das nächste Fenster spähte, krampfte sich sein Magen zu einem kleinen, harten Ball zusammen. Auf dem Boden saßen Carol, Becca, Jack und Miles, die Hände mit Handschellen gefesselt, kaum in der Lage, sich mehr als einen halben Meter zu bewegen. Sie sahen blass aus, müde und resigniert. Wenn sie direkt nach ihrem überhasteten Aufbruch von Nyima entführt worden waren, dann hielt man sie bereits seit drei Tagen hier fest! Vor den Agenten standen Becher und leer gegessene Teller. Immerhin gab man ihnen zu essen und zu trinken.

Sie bemerkten ihn nicht, und das war auch gut so. Sonst hätten sie unter Umständen noch die Wachen auf ihn aufmerksam gemacht. Nick konnte zwar niemanden entdecken, war sich aber sicher, dass es welche gab. Irgendjemandem musste schließlich der schwarze Geländewagen vor der Hütte gehören.

Langsam schlich er sich seitlich entlang nach vorne und spähte vorsichtig um die Ecke.

Auf einer Bank vor der Hütte saßen zwei Männer. Dem Aussehen nach waren es Chinesen. Rasch zog Nick den Kopf wieder zurück, bevor sie ihn bemerkten. Er überlegte, wie er sie am besten außer Gefecht setzen konnte, ohne die Geiseln in Gefahr zu bringen. Amy und Brian hatten ihm eine Waffe mitgegeben – »Für alle Fälle«, wie sie meinten –, aber Nick wollte sie nur im äußersten Notfall benutzen. Außerdem hatten die beiden Wachen hundertprozentig ebenfalls Waffen, und die Rechnung zwei gegen eins klang nicht sonderlich erfolgversprechend, selbst wenn er das Überraschungsmoment auf seiner Seite hatte. Nick fuhr sich nachdenklich mit der Zunge über die Lippen. Dann spähte er erneut um die Ecke, um sich die Umgebung vor der Hütte noch einmal genau einzuprägen. Dabei kam ihm eine Idee.

Er kauerte sich auf den felsigen Boden und fragte so leise wie möglich: »Bruno, kannst du dich in die Zentralverriegelung des Autos hacken?«

»Im Prinzip schon. Dafür muss ich das Funksignal abfangen, das der Sender an das Empfangsmodul im Auto schickt. Dann brauche ich nur noch den Code zu knacken, mit dem das Signal verschlüsselt ist.«

»Klingt machbar. Wie lange dauert das?«

»Nicht lange, sofern ich das Signal abfangen kann. Dafür müsste die Fernbedienung betätigt werden.«

»Und wenn sie nicht betätigt wird?«

»Dann dauert es länger.«

»Wie viel länger?«

»Ich muss dafür Tausende von Frequenzen und Verschlüsselungen durchprobieren. Ein paar Minuten vielleicht.«

»Dann los. Und beeil dich!«

»Ich bin ein Computerprogramm, ich kann mich nicht beeilen. Ich laufe mit einer konstanten Geschwindigkeit von –«

»Mach einfach!«

»Du bist immer so schroff, wenn du angespannt bist. Wenn ich Gefühle hätte, wäre ich jetzt ziemlich verletzt.«

»Bruno!«

»Schon kapiert. Ich halte die Klappe. Ich habe im Übrigen schon 248 Frequenzen gecheckt. Ich bin nämlich durchaus in der Lage, zwei Dinge gleichzeitig zu tun.«

Einige Minuten lang schwieg Bruno. Nick machte es sich einigermaßen bequem und lauschte immer wieder, ob sich vor der Hütte etwas tat. Doch die beiden Wachen schienen zufrieden mit ihrem Platz in der Sonne zu sein. Auch in der Hütte selbst regte sich nichts.

»Ich hab's!«

»Sehr gut«, flüsterte Nick, stand auf und stellte sich wieder an die Ecke, sodass er sowohl den SUV als auch die beiden Wachen im Blick hatte.

»Was hast du eigentlich vor?«, fragte Bruno. »Willst du das Auto klauen?«

»Lass dich überraschen.«

KAPITEL 33

Der SUV gab einen kurzen Ton von sich. Die Blinker leuchteten auf, und es klackte vernehmlich, als sich die Zentralverriegelung entsperrte. Dokhar, der in der Sonne gedöst hatte, öffnete träge die Augen und sah fragend zu John hinüber. War er aus Versehen an die Fernbedienung gekommen? Oder hatte er – genau wie Dokhar selbst – die Schnauze voll von diesem Job und wollte verschwinden? Verübeln konnte er es ihm nicht. Sie saßen nun schon den vierten Tag hier oben in den Bergen fest und spielten Aufpasser für eine Handvoll Teenager. Er hatte noch nie in seinem Leben eine solche Langeweile empfunden. Doch John sah ihn nur mit hochgezogenen Augenbrauen an. »Was soll das?«

»Wieso fragst du *mich* das?«, entgegnete Dokhar. »*Du* hast doch den Autoschlüssel.«

Verwirrt kramte John in seiner Jackentasche und zog eine ovale, etwa einen Zentimeter dicke Plastikscheibe heraus. »Stimmt. Ich muss aus Versehen drangekommen sein.«

Er richtete die Fernbedienung auf den SUV und drückte auf einen Knopf. Das Auto blinkte zweimal auf, zwei kurze Töne erklangen, dann war es wieder verschlossen.

John ließ die Fernbedienung in die Jackentasche gleiten, lehnte sich zurück und schloss die Augen. Dokhar tat es ihm gleich. Hoffentlich hatte dieses elende Herumgesitze bald ein Ende!

Wieder erklang das kurze Piepen. Wieder blinkte das Auto auf. Die Zentralverriegelung hatte sich erneut entsperrt. Ärgerlich wandte Dokhar sich zu John. »Bist du jetzt schon zu blöd, um auf so einen dämlichen Schlüssel aufzupassen?«

»Ich bin nicht drangekommen. Hier stimmt irgendwas nicht!«

Dokhar sprang auf. »Verdammt! Geh rein und sieh nach den Geiseln!«

John zog seine Waffe und verschwand in der Hütte. Dokhar zog ebenfalls seinen Revolver und ging vorsichtig auf das Auto zu, konnte jedoch nichts Auffälliges entdecken. Er lief einmal um das Auto herum, legte sich auf den Boden, um einen Blick darunterzuwerfen, öffnete die Fahrertür. Nichts.

John kam aus der Hütte. Die Waffe hatte er wieder weggesteckt. »Alles in Ordnung da drin. Die starren nur lethargisch zu Boden.«

»Am Auto ist auch nichts. Wahrscheinlich hast du dich mit deinem fetten Arsch auf die Fernbedienung gesetzt, ohne es zu merken«, knurrte Dokhar und ging zurück zur Bank. »Gib mir mal den Schlüssel. Sicher ist sicher.«

Mit mürrischer Miene warf John ihm den Autoschlüssel zu. Per Knopfdruck verschloss er den Geländewagen und setzte sich zurück auf die Bank. Zwei Minuten lang blieb alles ruhig, dann blinkte das Auto erneut auf und der Signalton erklang.

»Das darf doch nicht wahr sein!«, rief Dokhar wütend. John lehnte sich feixend zurück und verschränkte die Arme. »Ich hab's dir ja gesagt. An mir lag's nicht.«

Dokhar sprang auf und stapfte wütend auf das Auto zu. »Wenn die Dreckskarre jetzt kaputtgeht, dann dreh ich durch! Für so eine Scheiße bekommen wir echt zu wenig Geld. Ich schwöre dir, ich rufe beim Boss an und –« Wild gestikulierend drehte er sich um und verharrte mitten im Satz. John lag ohnmächtig auf dem Boden vor der Bank. Dokhar war so verblüfft, dass er seine Waffe eine Millisekunde zu spät aus dem Holster zog. Aus den Augenwinkeln sah er noch, wie ein Schatten auf ihn zusprang. Ein Schmerz zuckte durch seine Schläfe, dann sackte auch er bewusstlos zu Boden.

»Nick!«, rief Carol. Es war schwer zu sagen, welcher Ausdruck in ihrem Gesicht überwog: Überraschung, Freude oder Erleichterung.

»Wie kommst du denn hierher?«, fragte Becca ebenso erstaunt.

»Später«, sagte Nick und lief als Erstes zu Miles, der ganz außen saß. Er hatte den beiden Wachen Waffen, Telefone und Schlüssel abgenommen. Mit Letzteren öffnete er nun die Handschellen um Miles' Handgelenke. »Erst mal müssen wir zusehen, dass wir die Typen gefesselt bekommen. Sie können jeden Moment wieder aufwachen.«

Während Nick auch die Handschellen der anderen aufschloss, stand Miles bereits umständlich auf und humpelte, steif vom langen Sitzen, nach draußen. Mit vereinten Kräften schafften sie die beiden immer noch bewusstlosen Wachen in die Hütte und fesselten sie mit den frei gewordenen Handschellen. Nachdem das letzte Schloss eingerastet war, atmeten sie erleichtert auf.

»Lasst uns nach draußen gehen«, sagte Becca. »Ich halte es keine Sekunde länger mehr in dieser Hütte aus.«

Sie traten auf den sonnendurchfluteten Vorplatz, wo die vier Exgefangenen tief die frische Luft einatmeten und ihre Gesichter in die Sonne hielten.

»Wo zum Teufel bist du gewesen, Nick?«, fragte Miles. »Und wie hast du uns gefunden?«

In knappen Worten erzählte Nick, was in den vergangenen Tagen geschehen war. Als er zu den falschen Agenten kam, die er im Kloster beobachtet hatte, rief Becca zu seiner großen Überraschung: »Ha! Genau, wie wir vermutet haben.«

»Und sie haben nicht nur den Dalai Lama, sondern auch uns ausgetauscht. Echt clever«, fügte Carol hinzu.

»Wo ist Jang überhaupt?«, fragte Nick. »Ich dachte, er sei noch bei euch. Haben sie ihn …« Er stockte und traute sich kaum, es auszusprechen. »Haben sie ihn umgebracht?«

»Wir wissen es nicht«, erwiderte Carol. Dann berichtete sie in Kurzfassung, was nach ihrem überstürzten Aufbruch bei Nyima geschehen war. »Dreimal darfst du raten, wer hinter dieser ganzen Entführungssache steckt«, fügte sie hinzu.

»Bitte sag mir nicht, dass es jemand aus unserer Schule ist«, erwiderte Nick. »Ich habe mich die ganze Zeit über nicht getraut, Faber zu alarmieren, weil ich Angst hatte, dass er der Verräter sein könnte.«

»Wie man's nimmt«, sagte Carol. Nick stöhnte auf.

»Aber es war nicht Faber«, fuhr Carol fort. »Sondern Martin.«

Nick sah Carol verständnislos an. »Martin? Der sitzt doch im Gefängnis in Kinshasa.«

»Nicht mehr. Die Chinesen haben ihn freigekauft, weil er über Insiderwissen in unserer Organisation verfügt.«

»Dieser verdammte Mistkerl«, zischte Nick. »Ich hätte ihm ja einiges zugetraut, aber das … Er hat sogar unseren Tod in Kauf genommen, um an sein Ziel zu kommen!«

»Tja, so wie es aussieht, hat euer Martin das Spiel gewonnen«, warf Becca ein. »Die Krönung ist schon in ein paar Stunden. Selbst wenn wir alle Hebel in Bewegung setzen, haben wir keine Chance mehr, Jang rechtzeitig zu finden.«

»Das stimmt nicht ganz«, erwiderte Carol. »Eine kleine Chance bleibt uns noch.«

»Und welche, bitte schön?«, fragte Jack. »Jang könnte inzwischen überall sein. Eine Stecknadel im Heuhaufen zu finden ist nichts dagegen.«

»Nicht, wenn Jang mit einem Tracker ausgestattet wurde«, entgegnete Carol lächelnd.

Die anderen sahen sich fragend an. Dann dämmerte ihnen, was Carols Worte bedeuteten.

»Carol Connor«, sagte Nick mit großen Augen. »Du hast doch nicht etwa –«

»Doch«, erwiderte Carol, und ihr Lächeln weitete sich zu einem Grinsen. »Habe ich. Erinnert ihr euch, dass ich Jang umarmt habe, bevor er sich den Entführern ausgeliefert hat? In dem Moment habe ich einen GPS-Tracker an seiner Kleidung angebracht. Wenn wir ganz viel Glück haben und der Tracker noch aktiv ist, können wir ihn damit orten.«

»Ganz großes Kino!«, sagte Miles und nickte anerkennend. »Dann hoffen wir mal, dass sich Jang und der Tracker noch an derselben Stelle befinden.«

»Was ist mit dem Störsender?«, fragte Becca. »Hast du nicht gesagt, dass du keinen Kontakt zu deinem CBPI hast?«

»Das Signal wird nur innerhalb der Hütte gestört«, entgegnete Carol. »Hier draußen funktioniert alles einwandfrei.«

»Also los, worauf wartest du dann noch?«, sagte Becca. »Jede Minute zählt.«

Gespannt sahen sie zu, wie Carol Trinity den Befehl gab, den Tracker zu orten, und dann schweigend auf die Antwort wartete.

»Es hat geklappt«, jubelte sie. »Wo genau ist das, Trinity?« Sie lauschte kurz, dann wandte sie sich wieder an die anderen. »Der Sender befindet sich in China. In der Provinz Qinghai. Das ist gute fünf Stunden Autofahrt von hier entfernt.«

Die anderen stöhnten auf. »Das schaffen wir nicht mehr«, meinte Becca verzweifelt. »Das ist viel zu weit weg.«

»Es wird allerhöchste Zeit, Direktor Faber zu informieren«, sagte Nick und sah einen nach dem anderen an. »Er muss wissen, was hier gespielt wird. Vielleicht kann er noch etwas ausrichten.«

Faber konnte. Oder zumindest versuchte er es. Nachdem Nick ihn in knappen Worten über die Ereignisse der letzten Tage in Kenntnis gesetzt hatte, versprach Faber, sofort ein Team zu den Koordinaten loszuschicken, die der Tracker sendete.

Nick kehrte zu den anderen zurück, die sich auf die Bank vor der Hütte gesetzt hatten. Das wütende Rufen und Poltern, das seit Kurzem aus dem Inneren der Hütte drang, ignorierten sie geflissentlich.

»Wisst ihr, was ich mich frage?«, sagte Carol nachdenklich. »Die chinesischen Auftraggeber haben Martin aus dem Gefängnis freigekauft, weil er Insiderwissen über unsere Spezialabteilung hat und deswegen leichter einschätzen konnte, wie wir vorgehen würden. Das ist ja alles schön und gut. Aber woher wusste Martin, welche Route wir nach Lhasa nehmen würden? Woher wusste er, dass wir genau diese eine Straße entlangfahren würden, wo uns seine Männer abgefangen haben? Und woher wussten die Männer so gut über unsere Fähigkeiten Bescheid? Nicks und meine kennt Martin natürlich, aber eure?« Carol zögerte, als traue sie sich nicht, weiterzusprechen. »Es muss jemanden geben, der ihn mit diesen Informationen versorgt hat. Jemanden, für den es kein Problem war, diese Dinge in Erfahrung zu bringen.« Sie zögerte erneut. »Und dieser jemand muss einer von uns sein.«

Für einen Moment herrschte entsetztes Schweigen.

»Du meinst, wir haben einen Verräter unter uns?«, fragte Becca schließlich entgeistert. Carol nickte ernst.

Nick lief es bei der Vorstellung eiskalt den Rücken hinunter, dass einer der anderen ein doppeltes Spiel gespielt und sie skrupellos hintergangen hatte. Aber Carol hatte recht. Es gab keine andere Möglichkeit. Bestürzt sah er in die Gesichter seiner Mitstreiter, auf denen sich eine Mischung aus Erkenntnis und Fassungslosigkeit widerspiegelte. Plötzlich fiel ihm etwas auf.

»Wo ist eigentlich Jack?«, fragte er.

KAPITEL 34

Miles' Kopf ruckte zum Eingang der Hütte herum. »Verdammt. Er hat gesagt, dass er bei den Gefangenen für Ruhe sorgen wollte.«

Becca rannte sofort zur Tür und verschwand in der Hütte.

»Wann war das?«, fragte Nick.

»Vor zwei oder drei Minuten. Kurz bevor du von dem Telefonat mit Faber zurückgekommen bist.« Miles sah ihn mit großen Augen an. »Soll das heißen, dass Jack …«

Becca kehrte zurück, und an ihrem Gesichtsausdruck war zu erkennen, dass sie fast explodierte vor Wut. »Er ist weg! Er muss unser Gespräch belauscht haben und ist dann hinten aus dem Fenster geklettert. Dieser verdammte Mistkerl!«

»Trinity, kannst du Jack scannen? Er muss noch irgendwo in der Nähe sein.«

»Da, ich sehe ihn«, rief Miles und deutete auf eine Stelle gute fünfhundert Meter oberhalb von ihnen in den Bergen. »Er haut ab!«

Nick durchzuckte eine Woge heißer Wut! Jack hatte sie die ganze Zeit über belogen, hatte die ganze Zeit über Informationen an die Gegenseite weitergegeben, hatte dafür sogar in

Kauf genommen, dass Menschen starben! Er rannte los, ohne groß darüber nachzudenken. Er vernahm Schritte hinter sich, sah sich um, erkannte Becca, die ihm folgte, aber schon einen kleinen Rückstand hatte.

Verdammt, warum *sprang* sie nicht? Im Gegensatz zu ihm konnte sie die Gabe doch kontrollieren und hätte sich Jack einfach in den Weg stellen können.

Nick rannte ein Stück die Zufahrtsstraße entlang und bog dann nach links in den felsigen Hang ab. Jacks Vorsprung vergrößerte sich. Er konnte in dem unwegsamen Gelände seine Fähigkeit perfekt ausspielen und sprang wie eine Katze den Berg hinauf. Er schien kein bestimmtes Ziel zu haben, außer, so viel Abstand wie möglich zwischen sich und seine Verfolger zu bringen. Und genau das gelang ihm auch. Nick spürte Verzweiflung in sich aufsteigen. Das durfte er nicht zulassen. Jack durfte unter gar keinen Umständen entkommen. Wenn er es schaffte, Martin zu warnen, dann war ihre letzte Chance, die Dinge zum Guten zu wenden, vertan. Nick mobilisierte noch einmal all seine Kräfte. Denk an Jang, schärfte er sich ein, der sonst den Rest seines Lebens im Exil verbringen muss, anstatt seinem Volk zu dienen. Seine aufkeimende Verzweiflung verwandelte sich wieder in Wut. Adrenalin strömte durch seinen Körper. Und für eine Sekunde, nur eine, wurde er unaufmerksam. Er übersah einen Spalt in den Felsen, knickte um und knallte mit voller Wucht auf den Stein. Ein höllischer Schmerz fuhr in sein rechtes Bein.

Nick schrie auf. Vorsichtig versuchte er, das Bein zu bewegen. Es ging, tat aber furchtbar weh. Egal. Er durfte jetzt nicht aufgeben. Er musste weiter. Er blickte zu Becca zurück, um zu sehen, wie weit sie entfernt war. Verblüfft stellte er fest, dass sie stehen geblieben war. Nein, falsch. Sie war nicht stehen geblieben. Sie bewegte sich nur nicht mehr. Nick war *gesprungen*! Die Mischung aus Adrenalin und Schmerz hatte den Effekt ausgelöst. Und seine Energieversorgung hatte sich offenbar so weit stabilisiert, dass das Springen auch in dieser Höhe wieder möglich war.

Er rappelte sich auf und lief weiter. Die Schmerzen in seinem Bein ließen mit jedem Schritt nach, und schon bald spürte er nur noch ein dumpfes Pochen. Obwohl er nun deutlich langsamer lief, um nicht noch einmal zu stürzen, holte er Jack rasch ein. Der amerikanische Agent wirkte wie zur Salzsäule erstarrt. Er hatte eine flache Felskuppe erreicht und blickte sich mit gehetztem Blick zu seinen Verfolgern um. Nick stellte sich etwa zwei Meter vor ihn und atmete tief durch. Jetzt konnte er nur noch warten, bis die Wirkung des Adrenalins nachließ.

Als der Sprung endete, war es, als ließe jemand einen Film weiterlaufen, den er zuvor auf Pause gestellt hatte. Ohne Vorankündigung rannte Jack weiter, sah wieder nach vorn und blieb wie vom Donner gerührt stehen, als Nick wie aus dem Nichts vor ihm auftauchte. Doch seine Verwirrung dauerte nur wenige Sekunden. Dann hatte er sich wieder gefangen und suchte hektisch nach einem Fluchtweg.

»Gib auf, Jack!«, rief Nick. »Wir wissen, was du getan hast. Es ist vorbei.«

»Niemals«, entgegnete Jack verbissen. »Du hast ja keine Ahnung, was auf dem Spiel steht.«

Da Nick ihm den Weg versperrte, sah Jack nur noch eine Möglichkeit. Er ging zum Angriff über. Und er war verdammt gut. Nick hatte alle Mühe, seine Hiebe abzuwehren. Jacks Schläge und Tritte prasselten unaufhörlich auf ihn ein, und egal, welche Techniken Nick auch anwandte, er schaffte es nicht, sich Jack vom Hals zu halten und selber einen Angriff auszuführen. Erst als Jack ihm einen heftigen Schlag in die Magengrube verpasste, bekam er seine Chance. Nick krümmte sich zusammen vor Schmerz, rang keuchend nach Luft und sein Blick begann zu verschwimmen. Und genau in diesem Moment beging Jack einen Fehler. Anstatt sofort die Flucht zu ergreifen, sah er auf den zusammengekrümmten Nick hinunter und murmelte: »Tut mir leid, Kumpel.« Dann drehte er sich um und wollte weglaufen.

Nick sprang vor. Er bekam Jacks Beine zu fassen und riss ihn zu Boden. Noch im Fallen drehte sich Jack auf den Rücken und versuchte, wieder auf die Füße zu kommen, doch Nick war bereits über ihm, drückte ihn mit der linken Hand zu Boden und schlug dann mit der rechten zu. Ein Haken, mit voller Wucht gegen das Kinn. Ein Treffer wie aus dem Lehrbuch. Und auch bei Jack verfehlte der Schlag seine Wirkung nicht. Er ging zwar nicht k. o., war aber so benommen, dass Nick ihn mühelos auf den Bauch drehen und ihm die Hände auf dem Rücken fixieren konnte. Er überlegte gerade, ob er den Trick mit dem Gürtel noch einmal anwenden sollte, als Becca vollkommen außer Atem am Fuße der Kuppel auftauchte.

»Du hast ihn erwischt«, rief sie. »Gott sei Dank! Ich dachte schon, du wärst in eine Felsspalte gefallen. Auf einmal warst du weg!«

Nick konnte sich ein Grinsen nicht verkneifen. »Der Effekt sollte dir eigentlich nicht ganz unbekannt sein. Schließlich sieht es bei dir auch immer so aus, wenn ich mich recht erinnere.«

»Stimmt. Aber es ist das erste Mal, dass ich es bei jemand anderem gesehen habe. Ziemlich beeindruckend, muss ich sagen.«

»Warum kommst du erst jetzt? Ich hatte damit gerechnet, dass du auch springst.«

Sie stellte sich neben Nick und betrachtete Jack mit einer Mischung aus Neugier und Abscheu. »Es funktioniert nicht mehr. Seitdem wir hier im Gebirge sind, habe ich diese Kopfschmerzen und kann mich nicht mehr darauf konzentrieren.«

»Hast du irgendwas, womit wir ihn fesseln können?«, fragte Nick.

In dem Moment regte sich Jack und drehte den Kopf in seine Richtung. »Nicht nötig«, sagte er mit rauer Stimme. »Ich hau nicht mehr ab.«

Vielleicht war es naiv, aber Nick glaubte ihm. Er löste seinen Griff um Jacks Handgelenke. Noch immer etwas benommen drehte sich der Amerikaner auf den Rücken und setzte sich auf.

»Bruno, stell eine Verbindung zu Carol her«, befahl Nick. »Sag ihr, dass wir Jack haben und zu ihnen runterkommen.«

»Das war's dann wohl mit der Doppelagentenkarriere«, sagte Becca abfällig und stieß Jack mit dem Fuß an. »Los, beweg dich. Wir bringen dich zurück zu den anderen.«

Doch Jack machte keine Anstalten, aufzustehen. Nicht so sehr aus Berechnung oder Trotz – Nick schien es eher so, als sei jegliche Energie aus Jack gewichen, wie aus einem Ballon, aus dem man die Luft herausgelassen hatte.

»Warum zum Teufel hast du das gemacht?«, fragte Nick, und seine Stimme klang um einiges versöhnlicher, als ihm zumute war. »Was hat Martin dir dafür versprochen, dass du uns verrätst?«

Jack schwieg.

»Los, gehen wir zurück«, sagte Becca. »Seine CIA-Kollegen werden schon dafür sorgen, dass er den Mund aufmacht.«

Nick packte Jack am Arm und zog ihn auf die Füße. Der Amerikaner ließ sich widerstandslos bergab führen. Er schien begriffen zu haben, dass das Spiel aus war.

Kurz bevor sie die Hütte erreicht hatten, stolperte Jack und schlug hart auf einen Felsbrocken auf. Anstatt sofort wieder aufzustehen, blieb er auf dem Boden liegen und vergrub das Gesicht in den Händen. Auf einmal begannen seine Schultern zu beben. Jack weinte.

»Umsonst«, murmelte er leise. »Es war alles umsonst.«

Nick betrachtete ihn verwirrt. Von dem selbstsicheren Sunnyboy war nichts mehr zu sehen. Stattdessen wirkte Jack wie ein Häufchen Elend. Nick wurde wütend. Was bildete sich der Kerl eigentlich ein? Er spielte ein doppeltes Spiel mit ihnen, brachte mehrere Menschenleben in Gefahr, und am Ende fiel ihm nichts Besseres ein, als ihnen was vorzuheulen?

»Umsonst, ja?«, fragte er mit schneidender Stimme. »Dank dir sitzen wir hier mitten in den Bergen, Jang wird irgendwo in China gefangen gehalten, und die Inthronisierung findet bereits in wenigen Stunden statt. Klingt für mich danach, als hättest du ganze Arbeit geleistet. Ich bezweifle, dass wir unseren Auftrag noch erfüllen können.«

»Und dann haben die Chinesen, was sie haben wollten«, fügte Becca düster hinzu. »Ihren eigenen Dalai Lama.«

KAPITEL 35

Die goldenen Dächer glänzten in der Sonne. Er schaute hinauf zu den Zinnen des gewaltigen Potala-Palastes, dieses beeindruckenden, fast 400 Jahre alten Prunkstücks tibetischer Architektur – mit einer Gesamtlänge von 350 Metern, insgesamt 999 Innenräumen, unzähligen Kapellen und einer Versammlungshalle, die beinahe so groß war wie ein Fußballfeld. Die weißen und roten Mauern ragten hoch über der Stadt auf und vermittelten den Eindruck von Macht, Unnahbarkeit und etwas durch und durch Geheimnisvollem. In Wahrheit war dem Palast in den letzten Jahrzehnten jedwede Mystik und Spiritualität abhandengekommen. Er hatte schon lange keine Lamas mehr beherbergt und nur noch als Museum gedient, durch das jedes Jahr Millionen von Touristen geschleust wurden. Aber vielleicht wendete sich das Blatt mit dem heutigen Tage, an dem der neue Dalai Lama nach seiner Krönung offiziell Einzug halten und das alte Gemäuer wieder mit religiösem Leben füllen würde.

Nicht, dass ihn das in irgendeiner Form interessierte.

Das öffentliche Interesse an der Inthronisierung war derart groß, dass man beschlossen hatte, die Krönungszeremonie nicht wie üblich innerhalb des Palastes, sondern außerhalb stattfinden zu lassen, damit das tibetische Volk daran teilhaben konnte. Auf einer Anhöhe vor dem Potala war ein großes Zelt errichtet worden. Unter den Planen aus hellem Stoff stand ein Thron in Form eines bunten, mit goldenen Ornamenten verzierten Podests, auf dem ein flaches Kissen aus besticktem Brokat lag. Obenauf saß der junge Dalai Lama im Schneidersitz, in eine festliche, goldbestickte Robe gekleidet, und sah mit unbewegter Miene auf die Würdenträger des Landes herab, die einer nach dem anderen vor den Thron traten und ihm die Ehre erwiesen. Die Luft war erfüllt von dem ratternden Geräusch unzähliger Gebetsmühlen, die schon seit Stunden in Gang gehalten wurden, sowie dem tiefen, mantraartigen Summen und Murmeln der Mönche, die sich zu Hunderten, wenn nicht Tausenden vor dem Palast eingefunden hatten.

Er selbst stand ein wenig abseits inmitten der Menge. Angesichts der Massen, die sich vor dem Palast versammelt hatten, bezweifelte Martin, dass es noch irgendeinen Tibeter in Lhasa und Umgebung gab, der *nicht* hier erschienen war.

Er war allein. Die Söldner, die er für die Mission angeheuert hatte, hatten ihr Geld bekommen und waren untergetaucht. Sie hatten gute Arbeit geleistet, doch nun benötigte er sie nicht mehr. Sein Auftrag war erfüllt. Ein Gefühl von Triumph durchströmte ihn, berauschend und befriedigend zugleich. Die Chinesen hatten ihn nicht nur aus dem Gefängnis freigekauft, sie hatten ihn für diese Sache auch noch fürstlich entlohnt. Er war dabei gewesen, als die Überweisung in die Wege geleitet wurde. Sobald das Geld auf seinem Konto auf den Kaiman-Inseln war, würde er von der Bildfläche verschwinden, steinreich und sorgenfrei. Seine größte Herausforderung würde ab sofort in der Entscheidung bestehen, welchen Cocktail er sich zum Sonnenuntergang an der Strandbar bestellen sollte.

Irgendjemand tippte ihm auf die Schulter. Verärgert drehte Martin sich um. Wahrscheinlich wieder einer dieser kleinwüchsigen Tibeter, der sich darüber beschwerte, dass er ihm die Sicht versperrte. Das Gesicht, in das er blickte, besaß tatsächlich tibetische Züge. Allerdings war er davon ausgegangen, es nie wieder sehen zu müssen. Der Anblick drohte, seinem Hochgefühl einen empfindlichen Dämpfer zu verpassen. Aber warum eigentlich? Es war vorbei. Der Dalai Lama war ausgetauscht. Er hatte sein Geld erhalten. Sämtliche Zeugen waren tot oder bis in alle Ewigkeit von der Bildfläche verschwunden. Niemand konnte ihm mehr etwas anhaben. Schon gar nicht diese kleine Nervensäge.

»Nick, wie schön, dich zu sehen«, sagte er übertrieben freundlich. »Ich dachte schon, die raue Natur Tibets hätte ihren Tribut gefordert.«

»Tja, so kann man sich irren«, erwiderte Nick ungerührt.

»Tut mir echt leid.« Martins Stimme troff vor Hohn. »Ich kann mir vorstellen, was du in den letzten Tagen alles durchmachen musstest. Nur um jetzt festzustellen, dass es nicht gereicht hat. Es ist nicht leicht, sich einzugestehen, dass man verloren hat. Ich finde, du schlägst dich wirklich tapfer.«

»Bist du dir da wirklich sicher?«, fragte Nick und zog eine Augenbraue hoch. Ganz leicht nur. Und vielleicht war es diese angedeutete, kaum wahrnehmbare Geste, weswegen sich Martins Magen schlagartig zusammenzog. »Wie meinst du das?«, fauchte er.

Als Nick antwortete, war es plötzlich seine Stimme, in der ein Hauch Sarkasmus mitschwang. »Ich gebe zu, dass es auf die Entfernung und unter dem ganzen Stoff nicht ganz einfach zu erkennen ist. Aber bist du dir wirklich sicher, dass der Junge da oben *dein* Dalai Lama ist?«

Martins Blick huschte wieder zu dem Zelt, wo der junge Mönch nach wie vor die Huldigungen der Würdenträger entgegennahm. Wie sollte er beurteilen, welcher der beiden Jungen das war? Für ihn sah ein Tibeter aus wie der andere. Seine Gedanken überschlugen sich. Das konnte nicht sein. Wie hätten sie den richtigen Jungen so schnell finden sollen? Und warum hatte niemand seiner Mitstreiter ihm gemeldet, dass es ein Problem gab? Das war absolut unmöglich. Nick bluffte.

»Du redest dir gerade ein, dass wir Jang niemals in der kurzen Zeit hätten finden können, nicht wahr?«, fragte Nick. »Und dass du von deinen Verbündeten erfahren hättest, wenn etwas schiefgelaufen wäre. Tja, nur wusstest du leider nicht, dass Carol einen GPS-Tracker an Jangs Kleidung angebracht hatte. Wir konnten seinen Standort orten und haben ihn mit dem Hubschrauber hierherfliegen lassen. Er wurde eine Stunde vor dem Beginn der Zeremonie in den Palast gebracht.«

Martins Augen weiteten sich vor Entsetzen. Das durfte doch nicht wahr sein! Dieses lästige Mädchen hatte ihn ausgetrickst!

»Die falsche Agententruppe, die du ins Kloster geschleust hast, ist bereits festgenommen worden«, fuhr Nick fort. »Und dein Doppelagent wurde ebenfalls enttarnt. Deine Kollegen von der chinesischen Geheimpolizei sind zwar untergetaucht und die meisten der Söldner, die du angeheuert hast, sind uns ebenfalls entwischt, aber viel wichtiger als irgendwelche Handlanger bist du. Das Spiel ist aus, Martin. Und *du* hast es verloren!«

Hinter Nick traten Carol und das rothaarige Mädchen aus der Menge und postierten sich links und rechts von ihm, um ihn an einer Flucht zu hindern. Martin starrte mit unbewegter Miene in Nicks Gesicht, in dem sich weder Überheblichkeit noch Hohn abzeichneten. Nur ein ganz leiser Anflug von Genugtuung.

Er hatte es gewusst. Der Junge war die Schwachstelle gewesen. Als er erfahren hatte, dass er bei der Entführung nicht bei den anderen gewesen war, hatte er genau so etwas befürchtet – dass ihm dieses gewiefte Bürschchen mit seiner Hartnäckigkeit und seinem Ehrgefühl am Ende das Leben schwer machen würde. Hätte er ihn rechtzeitig gefunden, wäre alles nach Plan gelaufen. Hätte sich Nick in jener Nacht nicht zu diesem sentimentalen Alleingang hinreißen lassen, wäre Martin in ein paar Stunden auf Nimmerwiedersehen verschwunden. Nick war ihm in die Parade gefahren. Und das nicht zum ersten Mal.

Wut kochte in Martin hoch. Er konnte nur mühsam den Impuls unterdrücken, Nick an die Gurgel zu springen. Gleichzeitig war das alles so absurd, dass er beinahe laut aufgelacht hätte.

Er hatte keine Chance. Nicht in dieser Menschenmenge. Nicht gegen drei ausgebildete Spezialagenten. Das Spiel war aus. Nick hatte gewonnen.

Nick schüttelte unmerklich den Kopf und bedeutete Carol damit, die Handschellen stecken zu lassen. Martin würde keine Gegenwehr leisten. Er war klug genug, um zu wissen, dass er keine Chance mehr hatte. Zu dritt eskortierten sie ihn aus der Menge zu einer Reihe von Einsatzwagen, die in einiger Entfernung zum Potala-Palast Stellung bezogen hatten. Dort wurde Martin von der SOKO in Empfang genommen, die sich zu gleichen Teilen aus Beamten der CIA, des MI6, des BND und des Mossad zusammensetzte. Eine dunkelhaarige Mossad-Agentin öffnete die Schiebetür des Wagens, ein weiterer Beamter drückte Martin unsanft auf einen der Sitze und setzte sich neben ihn. Als sich die Tür des Wagens schloss, wurde Nick erneut bewusst, welches Glück sie gehabt hatten. Dank einer neu entwickelten Gesichtserkennungssoftware, die man an die Kamera einer Drohne gekoppelt hatte, war es Spezialisten der CIA gelungen, Martin in der Menge ausfindig zu machen. Eine halbe Stunde später und er wäre untergetaucht. Aber in gewisser Weise tat er das jetzt auch, dachte Nick und konnte sich ein schadenfrohes Grinsen nicht verkneifen. Martin tauchte unter, und zwar im wahrsten Sinne des Wortes. Denn er würde das Tageslicht voraussichtlich für sehr lange Zeit nicht mehr zu sehen bekommen.

KAPITEL 36

Eine Woche später

Die Treppen schienen überhaupt kein Ende zu nehmen. Am Anfang hatte Nick sich noch einen Spaß daraus gemacht, die Stufen zu zählen, die zu den Gemächern des Dalai Lama hinaufführten, doch irgendwann hatte er die Lust verloren. Es waren einfach zu viele.

Nachdem Carol, Becca und er an der allgemeinen Sicherheitskontrolle am Fuße des Potala-Palasts komplett durchleuchtet worden waren, folgten sie nun einem edel gekleideten Mönch die geschätzt zwanzigste Treppe hinauf. Sie überquerten eine große Terrasse, von der aus man fast die gesamte Stadt überblicken konnte, und betraten schließlich den roten Palast, den Teil des Potala, der die meisten Kapellen und Audienzhallen sowie die Privatgemächer des Dalai Lama beherbergte. Sie gingen durch verwinkelte Gänge und prächtig geschmückte Räume und befanden sich schon bald abseits der großen Touristenströme. Es war nach wie vor möglich, den Palast zu besichtigen, jedoch beschränkte sich die Tour jetzt auf einige Kapellen und repräsentative Räume, die nicht mehr genutzt wurden. Der Bereich, der vom frisch gekrönten 15. Dalai Lama bewohnt wurde, war durch strenge Sicherheitskontrollen von den Touristen abgeschirmt. Nachdem die drei eine solche Sicherheitskontrolle hinter sich gebracht hatten, betraten sie einen großen Vorraum, an dessen reich verzierten Wänden einfache Holzbänke aufgestellt worden waren, um den Wartenden eine Sitzgelegenheit zu bieten. Doch außer ihnen befand sich niemand in dem Raum. Der Mönch, der sie hierherbegleitet hatte, war nach einer angedeuteten Verbeugung hinter einem der Wandbehänge verschwunden. Unschlüssig, was sie nun tun sollten, sahen die drei sich an und setzten sich schließlich auf eine der Bänke.

Sie mussten nicht lange warten. Nach wenigen Minuten erschien ein weiterer, in ein festliches Gewand gekleideter Mönch und forderte sie auf, ihm zu folgen. Wieder gingen sie einen Gang entlang, an dessen Ende sich eine goldverzierte Flügeltür befand. Mit einer tiefen Verbeugung öffnete der Mönch die Tür und trat zur Seite.

Vor ihnen erstreckte sich ein großer, erstaunlich modern eingerichteter Raum. Auf dem Schreibtisch stand ein Laptop, an den Wänden hingen Fotografien der größten Tempel und Klöster Tibets, und verschiedene Teppiche in Grau- und Weißtönen verströmten einen Hauch von Minimalismus, verliehen dem Raum aber auch eine gewisse Gemütlichkeit. Bei ihrem Eintreten erhoben sich von einer Sitzgruppe rechts der Tür mehrere hochrangige Mönche. In einem Sessel vor Kopf saß Jang und sah ihnen erwartungsvoll entgegen. Mit seiner Gestik und seinem Gesichtsausdruck verkörperte er bereits die Würde seines Amtes, aber Nick meinte gesehen zu haben, dass seine Augen beim Anblick der drei Agenten aufgeblitzt hatten.

Nach den obligatorischen Verbeugungen und dem Gastgeschenk, das die Agenten den Gepflogenheiten dieses offiziellen Besuchs entsprechend überreicht hatten (eine aufwendig verzierte kleine Kiste, in der sich – als spezieller Gruß von Miles – ein Kartenspiel und eine Tüte Lakritz befanden), richtete Jang einige Worte an die Mönche. Empörtes Gemurmel erhob sich, und zwei der Mönche redeten hektisch auf Jang ein.

»Jang hat die Mönche gebeten, euch allein zu lassen«, übersetzte Bruno in Nicks Ohr. »Die Vorstellung scheint ihnen nicht zu gefallen. Für einen Dalai Lama, der erst so kurz im Amt ist, ist es äußerst unüblich, bereits eine Privataudienz zu gewähren. Und jetzt schickt er auch noch die offiziellen Aufpasser raus. Das grenzt an Palastrevolution.«

Obwohl die Mönche immer vehementer versuchten, Jang von seinem Vorhaben abzubringen, blieb der junge Dalai Lama höflich, aber stur. Er wiederholte seine Aufforderung ein weiteres Mal, und schließlich zogen sich die Mönche kopfschüttelnd und mit missbilligend zusammengepressten Lippen aus dem Raum zurück.

Nachdem sich die Tür hinter ihnen geschlossen hatte, fiel die würdevolle Haltung schlagartig von Jang ab. Er sprang auf und kam auf Carol, Becca und Nick zu. Sie hatten sich seit der Entführung nicht mehr gesehen.

»Eure Heiligkeit«, sagte Becca und verbeugte sich vor ihm. Carol und Nick taten es ihr gleich.

»Hört bloß auf«, rief Jang lachend und umarmte einen nach dem anderen herzlich. »Bitte nennt mich weiter Jang. Dann komme ich mir in eurem Beisein nicht ganz so wichtig vor.«

»Jang?«, fragte Carol erstaunt. »Heißt du seit der Krönung nicht offiziell Kyentse Gyatso?«

»Jamgön Jigme Wangshuk Chökyong Norbu Kyentse Gyatso«, sagte Jang grinsend. »Aber es wird wohl noch eine Weile dauern, bis ich mich daran gewöhnt habe.«

»Und, wie lebt es sich so als Dalai Lama?«, fragte Becca. »Hat sich viel verändert für dich?«

»Nein, eigentlich nicht«, erwiderte Jang. »Ich bin immer noch in der Ausbildung zum Mönch. Mit 18 lege ich meine Prüfung ab und erst danach werde ich mit offiziellen Aufgaben betraut. Im Prinzip ist also alles genauso wie in Sunkhani Sera, dem Kloster in Nepal.« Er breitete die Arme aus und drehte sich einmal im Kreis. »Nur dass hier alles ein bisschen größer ist. Die Räume, die Roben« – er hielt inne und fügte dann mit einem breiten Grinsen hinzu – »und das Bett.«

Sie lachten laut auf. Jang deutete auf die Sitzgruppe. »Kommt, setzen wir uns.«

»Du hast dich mit dieser Audienz nicht gerade beliebt gemacht, was?«, fragte Nick, während er sich in die weichen Polster sinken ließ.

Jang kicherte. »Das kannst du laut sagen. Meine Berater

waren ganz und gar nicht begeistert von der Idee. Wahrscheinlich haben sie Angst, dass ich sämtliche Gepflogenheiten und Traditionen über Bord werfe. Aber ich konnte sie beruhigen. Ich habe nicht vor, mit den Traditionen zu brechen. Ich will sie nur von ihren Krusten befreien.« Er lächelte. »Außerdem wollte ich euch unbedingt treffen, bevor ihr wieder nach Hause fliegt.«

Genau genommen waren die drei Agenten nur deswegen noch in Tibet, um die Privataudienz mit dem Dalai Lama wahrnehmen zu können. Ihre Vorgesetzten hatten zugestimmt, unter der Bedingung, dass sie sich möglichst unauffällig verhielten. Becca, Carol und Nick hatten ausgedehnte Streifzüge durch Lhasa unternommen, die bedeutendsten Tempel und Klöster besichtigt und einige Ausflüge in die Umgebung gemacht, unter anderem zum Namtso, dem mit 4718 Metern höchstgelegenen Salzsee der Welt, und zum Base-Camp des Mount Everest auf über 5100 Metern Höhe. Nick war jeden Tag aufs Neue fasziniert gewesen von den Wundern, die das Land seiner Mutter ihnen offenbarte, und er hatte die Eindrücke aufgesogen wie ein Schwamm. Sosehr ihm die Ausbildung zum Spezialagenten auch gefiel – der Gedanke, am nächsten Tag wieder nach Berlin zurückzufliegen und tief unter der Erde die Schulbank zu drücken, machte ihn fast ein bisschen wehmütig.

»Ihr müsst mir alles erzählen, was sich in den letzten Tagen ergeben hat«, sagte Jang. »Ich muss gestehen, dass es einiges gibt, was ich nicht ganz verstanden habe.«

»Dann schieß mal los«, erwiderte Becca. »Wahrscheinlich können wir dir auch nicht alles beantworten, denn auch bei uns gibt es noch ungeklärte Fragen. Aber das meiste haben wir inzwischen durchschaut.«

»Was ist zum Beispiel mit den Männern, die euch am Flughafen in Muscat überfallen haben?«, fragte Jang und sah dabei Nick und Carol an. »Gehörten sie tatsächlich zum COSA? Und warum haben sie sich die Mühe gemacht, euch dort am Flughafen zu überfallen? Das war ziemlich riskant, bei den ganzen Sicherheitskontrollen.«

»Stimmt«, entgegnete Carol. »Andererseits war das ihre letzte Chance, uns aus dem Verkehr zu ziehen, bevor wir mit den anderen Agenten zusammengetroffen wären. Wahrscheinlich haben sie gehofft, dass wir verwundbarer sind, wenn sie uns einzeln angreifen.«

»Und der Überfall auf Nyima?«, fragte Jang weiter. »Waren das nun die Chinesen oder die Terroristen?«

»Beide«, erwiderte Nick. »Die ersten, die bei Nyima aufgetaucht sind, gehörten zum COSA. Wahrscheinlich haben sie gehofft, um diese Uhrzeit den Überraschungseffekt auf ihrer Seite zu haben und uns im Schlaf leichter überwältigen zu können. Die müssen ganz schön wütend gewesen sein, als sie schließlich gemerkt haben, dass wir nicht mehr da waren.«

»Und diese Wut haben sie dann an Nyima ausgelassen«, warf Carol ein. »Diese verdammten Mistkerle.«

Nick nickte. »Allerdings. Ich habe sie noch gesehen, als ich vom See zurückgekehrt bin. Da sind sie gerade aus der

Hütte rausgekommen und weggefahren. Die Männer, die kurz danach bei Nyima aufgetaucht sind, waren die Chinesen. Sie hatten euch bereits entführt und waren nun auf der Suche nach mir. Da sie ähnlich gekleidet waren und genau wie die Terroristen einen schwarzen Geländewagen gefahren sind, habe ich im ersten Moment gedacht, es wären die gleichen Männer, die noch einmal zurückgekommen sind.«

»Ja, bei uns hat es auch eine Weile gedauert, bis wir geschnallt haben, dass es sich um zwei unterschiedliche Gruppierungen handelt«, bestätigte Carol. »Wir sind die ganze Zeit davon ausgegangen, dass wir es nur mit den Terroristen zu tun hatten. Erst als Martin in der Hütte aufgetaucht ist, ist uns klar geworden, dass auch die Chinesen ihre Finger mit im Spiel haben.«

»Wie geht es Nyima?«, fragte Jang. »Deinen Worten nach zu urteilen klingt es, als sei sie ziemlich übel zugerichtet worden.«

»Ihr geht es wieder gut«, erwiderte Carol. »Sie hatte zum Glück nur ein paar Schrammen und ein geschwollenes Auge. Wir haben sie gestern bei Gyanzen im Krankenhaus getroffen.«

»Gyanzen ist auch bald wieder auf den Beinen«, fügte Nick hinzu. »Es war ein glatter Durchschuss. Er hat viel Blut verloren, aber er sagt selbst, dass so ein zäher Hund wie er sich von so etwas nicht kleinkriegen lässt.«

»Hat man inzwischen herausgefunden, von wem die Terroristen ihre Informationen erhalten haben?«, löcherte Jang sie weiter. Ihm war anzumerken, dass ihm noch eine Menge Fragen auf der Zunge brannten. »Woher wussten sie zum Beispiel, welche Flugroute ihr nehmen würdet, Nick?«

»Das ist leider alles reine Spekulation«, antwortete der Angesprochene. »Es ist viel zu wenig bekannt über diese Organisation. Niemand weiß genau, wo sie überall ihre Leute eingeschleust haben. Im Falle unserer Flugroute gehen wir davon aus, dass es einen Maulwurf im nepalesischen Kloster gegeben hat. Einer der Mönche ist seit der Krönung nämlich spurlos verschwunden.« Er seufzte. »Aber darüber hinaus tappen wir vollkommen im Dunkeln. Seit deiner Entführung sind die Terroristen komplett von der Bildfläche verschwunden. Wir haben ihre Spur verloren. Aber wir gehen davon aus, dass sie weiterhin im Untergrund operieren und auch zukünftig eine Bedrohung darstellen werden.«

Sie schwiegen eine Weile. Nick schaute nachdenklich aus einem der vielen Fenster und betrachtete die hellgrauen Wolken, die über den Himmel zogen. Die Aufgabe, die Jang bevorstand, war riesig. Er musste versuchen, ein tief zerrissenes Land zu einen. Es würde zweifellos zu seiner Lebensaufgabe werden.

»Und was passiert jetzt mit Jack?«, fragte Jang in die Stille hinein. »Als ich erfahren habe, dass er uns verraten hat, um seinen Bruder zu retten, wusste ich ehrlich gesagt nicht, ob ich wütend auf ihn sein oder aber Mitleid mit ihm haben sollte.«

»Ja, so ging es uns auch«, sagte Becca. »Die Chinesen

haben seinen Bruder entführt und gedroht, ihm etwas anzutun, wenn Jack nicht tut, was sie von ihm verlangen. Anstatt die Entführung sofort seinem Vorgesetzten zu melden, hat Jack sich darauf eingelassen, aus Angst, dass seinem Bruder etwas zustößt. Das ist zwar verständlich, aber als Agenten dürfen wir uns nicht derart erpressbar machen. Es ist noch nicht klar, was aus Jack wird. Er war seit seiner Enttarnung als Doppelagent äußerst kooperativ, das wird ihm sicher mildernde Umstände einbringen. Aber als CIA-Agent ist er definitiv durch.«

»Einfach unglaublich, dass Jack uns alle derart täuschen konnte«, sagte Becca. »Niemand hat etwas gemerkt. Weder seine Vorgesetzten noch Miles, der ja schon eine ganze Weile mit ihm zusammenarbeitet.«

»Wo ist Miles eigentlich?«, wollte Jang wissen. »Ich hatte gehofft, dass er heute mit euch gekommen wäre. Wird er ebenfalls verdächtigt?«

»Nein, nein«, erwiderte Nick. »Er ist nach Langley zurückbeordert worden und muss sich diversen Sicherheitschecks unterziehen. Reine Vorsichtsmaßnahme. Es besteht kein konkreter Verdacht gegen ihn, aber die CIA will ganz sichergehen.«

»Kann ich ihnen nicht verübeln«, warf Becca ein. »Ich will mir gar nicht vorstellen, was der Mossad alles unternehmen würde, wenn sich herausstellte, dass es einen Verräter in den eigenen Reihen gibt.«

Nick fand es eigentlich schade, dass Miles so schnell hatte

abreisen müssen, aber genau wie Becca konnte er nachvollziehen, dass die CIA kein Risiko mehr eingehen und alle Eventualitäten ausschließen wollte.

»Apropos Verräter: Was wird denn jetzt aus Martin?«, fragte Jang. »Wenn ich es richtig verstanden habe, hat er die ganze Operation zwar ausgeführt, aber der Kopf dahinter war jemand anderes.«

»Das stimmt«, bestätigte Nick. »Die Hintermänner, die Martin aus dem Gefängnis freigekauft haben, konnten noch nicht identifiziert werden. Aber das liegt nicht mehr in unserer Hand. Er sitzt in irgendeinem chinesischen Hochsicherheitsgefängnis. Und ich bezweifle, dass er da so schnell wieder rauskommt.«

»Geschieht ihm recht«, sagte Becca voller Genugtuung. Dann beugte sie sich vor, stützte die Ellbogen auf die Knie und wandte sich an Jang. »Jetzt habe ich aber auch eine Frage an dich«, sagte sie. »Als uns die chinesischen Söldner an der Lawine umzingelt hatten, haben wir alle fieberhaft nach einer Möglichkeit gesucht, dich zu retten. Nur du bist total ruhig geblieben.« Sie legte den Kopf schief und verengte die Augen zu Schlitzen. »Wusstest du, dass dir nichts passieren würde? Weil du die Szene schon in einer deiner Visionen gesehen hattest?«

Jang lachte. »Nein, so war es nicht. Ich sagte ja schon, so deutlich sind meine Visionen nicht. Ich kann dir gar nicht genau sagen, warum ich mir so sicher war.« Er zuckte mit den Schultern. »Nur so ein Gefühl, schätze ich.« Plötzlich blitzten seine Augen auf, als erinnerte er sich an etwas. »Von dir wollte ich im Übrigen auch noch etwas wissen«, sagte er an Carol gewandt.

»Und was?«

»Als du mich umarmt hast, bevor ich zu den Entführern gegangen bin, habe ich gemerkt, dass du mir etwas angeheftet hast. Ich wusste zwar nicht, was es war, aber ich habe es in die Innentasche meiner Jeans gesteckt, damit die Entführer es nicht finden. Inzwischen weiß ich, dass es ein GPS-Tracker gewesen ist und ihr mich deswegen so rasch gefunden habt.« Auch Jang beugte sich nun nach vorn, genau wie Becca zuvor. »Wie bist du auf die Idee mit dem Tracker gekommen?«, fragte er. »Du musstest ihn schon die ganze Zeit über in der Hand gehalten haben.«

Carol zuckte mit den Schultern und grinste. »Ach, nur so ein Gefühl.«

Während alle in lautes Gelächter ausbrachen, meldete sich eine Stimme in Nicks Ohr. »Na bitte! Und da sage noch einer, Gefühle seien bei einem professionellen Einsatz fehl am Platze«, plapperte Bruno drauflos. »Hier haben sie geholfen, einen Fall von internationaler Tragweite zu lösen. Ich weiß gar nicht, warum du dich immer über meinen Emotionschip beschwerst. Dankbar solltest du dafür sein. Ich finde sogar, dass er durchaus noch ausgefeilter sein dürfte. Ein kurzes Update oder sogar eine klitzekleine neue Systemversion könnte da sicherlich nicht schaden.«

Nick stöhnte auf. Die anderen warfen ihm verwunderte Blicke zu. »Was ist los?«, fragte Carol überrascht. »Du siehst aus, als hättest du plötzlich Zahnschmerzen.«

»Bruno«, erwiderte Nick und verdrehte die Augen. »Er hätte gern ein Update für seinen Emotionschip. Und ehrlich gesagt weiß ich nicht, ob ich mich in diesem Fall nicht eher für die Zahnschmerzen entscheiden würde.«

Wieder lachten alle laut auf. Nick ignorierte das empörte Schnauben in seinem Ohr und stimmte mit ein.

KAPITEL 37

Der Weg aus dem Palast hinaus war ebenso verwirrend wie der Weg hinein.

Nick, Becca und Carol folgten einem Mönch – Nick vermochte nicht zu sagen, ob es der gleiche war, der sie auch auf dem Hinweg begleitet hatte –, der sie mit traumwandlerischer Sicherheit durch die langen Gänge und die unzähligen Treppen hinunterführte. Wieder überquerten sie die große Terrasse mit dem fantastischen Blick auf die Stadt. Nick blieb kurz an der Balustrade stehen, um die Aussicht zu genießen. Als er sich zu den anderen umdrehte, waren sie verschwunden. Offenbar hatten sie nicht gemerkt, dass er zurückgeblieben war, und waren einfach weitergegangen. Nick riss sich von dem Anblick der Verbotenen Stadt los und beeilte sich, ihnen hinterherzukommen.

Mitten in einem Durchgang, der ihn wieder ins Innere des Palastes bringen würde, stieß er mit einem Mönch zusammen, der in raschem Tempo um die Ecke gebogen kam. Nick begegnete dem starren Blick des Mannes und murmelte eine Entschuldigung, obwohl er sich ziemlich sicher war, dass der andere eine Mitschuld an ihrem Zusammenprall hatte. Dann wandte er sich ab und folgte dem Gang, an dessen Ende gerade Carol aufgetaucht war und ihm zuwinkte.

Er sah nicht mehr, wie der Mönch sein Gewand zurechtzog, das bei dem Zusammenprall verrutscht war. Und er sah auch nicht, wie sich dabei sein linker Ärmel ein wenig nach oben schob und den Blick auf eine Tätowierung freigab – ein Dreieck mit einem Kreis darüber, umgeben von den Strahlen der Sonne.